普通高等教育"十四五"应用型本科系列教材

跨境电子商务（亚马逊）运营实务

KUAJING DIANZI SHANGWU
YAMAXUN YUNYING SHIWU

主编 李福英 刘进军 杨 芳 陈龙山

80
60
40
20
0

$

西安交通大学出版社
XI'AN JIAOTONG UNIVERSITY PRESS

国家一级出版社
全国百佳图书出版单位

图书在版编目(CIP)数据

跨境电子商务(亚马逊)运营实务 / 李福英等主编
. —西安：西安交通大学出版社，2021.9
ISBN 978-7-5693-2256-9

Ⅰ. ①跨… Ⅱ. ①李… Ⅲ. ①电子商务-商业企业
管理-美国 Ⅳ. ①F737.124.6

中国版本图书馆 CIP 数据核字(2021)第 160612 号

书　名	跨境电子商务(亚马逊)运营实务	
	KUAJIANG DIANZI SHANGWU(YAMAXUN) YUNYING SHIWU	
主　编	李福英　刘进军　杨　芳　陈龙山	
责任编辑	李逢国	
责任校对	郭　剑	
封面设计	任加盟	

出版发行	西安交通大学出版社	
	(西安市兴庆南路1号　邮政编码710048)	
网　址	http://www.xjtupress.com	
电　话	(029)82668357　82667874(市场营销中心)	
	(029)82668315(总编办)	
传　真	(029)82668280	
印　刷	西安明瑞印务有限公司	

开　本	787mm×1092mm 1/16	**印张**	9.5	**字数** 230千字
版次印次	2021年9月第1版 2021年9月第1次印刷			
书　号	ISBN 978-7-5693-2256-9			
定　价	34.80元			

发现印装质量问题,请与本社市场营销中心联系、调换。
订购热线：(029)82665248　(029)82665249
投稿热线：(029)82664840
读者信箱：xj_rwjg@126.com

版权所有　侵权必究

本书编委会

主　编：李福英　刘进军　杨　芳
　　　　陈龙山
副主编：王　晖　曾圭熠　申捷灵
　　　　文天任　刘艳丽　戴　昊
　　　　严尔韵
编　委（排名不分先后）：
　　　　田洪波　戴恩勇　龙　飞
　　　　廖一稀　曹　艺　王梦华
　　　　杨思佳　高　婷　彭佩佩
　　　　李　苏

前　言

随着互联网和智能手机的普及,各个国家的时空距离缩小,国际交往日益便利和频繁,地球村的进程明显加快。电子商务的全球化浪潮已势不可挡,这在一定程度上成为中国出口跨境电商蓬勃发展的重要推动力,使中国的产品能够快速出现在国外消费者的面前,尤其是2008年经济危机以后,一些外国消费者开始在网络上寻找物美价廉的消费品,中国的商品自然而然地进入了他们的视线。新冠疫情的暴发进一步刺激了人们对跨境电子商务的需求,并出现商品类型的需求差异,推动了跨境电子商务模式的创新和产业的融合发展。

跨境电子商务的发展是大势所趋,细究国内跨境电子商务的发展轨迹,可以发现主导因素主要有四点:一是国际贸易自由化和便利化加快;二是中国传统外贸发展进入增长平缓期;三是刚性国际贸易需求在互联网时代以及国内电子商务繁荣的背景下,为满足现实市场特性而进行了自我修复与改造,从而促成了跨境电商运作模式的成形;四是政府陆续出台了一系列扶持政策。

以亿贝(eBay)、亚马逊(Amazon)为首的跨境交易平台,近几年都加大了在中国招商的力度,增加了中国区域招商经理的人数,并且通过参加各种跨境峰会和论坛宣传自己的平台。因此,中国的卖家也大量涌入这些平台,将自己的产品卖给海外的消费者,促进了出口跨境电商卖家数量和规模的迅速扩大。随着中国卖家数量越来越多,一些卖家开始使用不规范的竞争手段,致使亚马逊等平台调整了策略,采取了比以往更加严格的准入机制。

跨境电商出口行业一片生机,而亚马逊凭借其整体体量大、平台规则规范、目标消费群体高端、销售利润率高等优势,成为众多跨境电商创业者的首选。但同时很多卖家入驻后,因为不熟悉平台规则,不懂亚马逊的运营技巧,要么触犯平台红线而导致账号受损,损失了资金,信心也备受打击;要么几番辛苦却长进甚微,白白浪费了很多时间,耽误了时机。

在本书中,我们讲解了亚马逊平台的基本规则、实际操作中的运营技巧、亚马逊的账号注册、卖家中心后台操作、运营中的选品思路和方法、产品的发布和优化、亚马逊物流服务(FBA)发货相关操作和注意事项、站内广告的设置和投放技巧、运营中爆款打造的思路和方法等运营细节和干货技巧。希望这本书能够帮卖家解决运营中信息缺失的问题,成为卖家在运营路上的帮手和助手,为卖家提供实操性的指导和方向性的指引,为卖家的亚马逊运营节省时间和精力,让卖家在亚马逊运营过程中更轻松。

本书作为湖南省哲学社会科学基金项目(编号:17YBA014)、湖南省教育厅科学研究重点项目(编号:20A049)、湖南省普通高等学校教学改革研究项目(编号:HNJG－2020－0989)的阶段性成果,得益于企业、高校众多同志的共同努力,在此一并表示感谢。

李福英

2021 年 8 月

目　录

第一章　亚马逊平台介绍

本章要点

- 各大主流跨境电商平台对比
- 亚马逊发展历程与亚马逊中国
- 亚马逊全球开店项目
- 亚马逊的六大特点
- 亚马逊的核心运营思维
- 中国亚马逊卖家运营之道

第一节　各大主流跨境电商平台对比

目前,跨境平台百花争艳固然是好事,可对于时间、精力和资金都有限的跨境电商卖家来说,选择一个规则公平、利润率高、发展空间大的平台更有利于促进自己成长。"选择大于努力",面对当前数量众多的跨境电商平台,哪一个更适合跨境电商卖家们呢?

一、亿贝(eBay)

eBay 作为和中国最有渊源的外贸 B2C 零售平台,很早之前已经被众多跨境电商从业者们所熟悉。eBay 是成熟市场,对品质要求较高,规则比较偏向买家。卖家的商品、服务包括物流,如果做得不好,就会有问题。卖家仅仅商品很强是不够的,还要有其他能力,比如本地化服务。eBay 对卖家要求严格的同时对商品质量要求也较高,但同时也拼价格,即商品质量要过得去,价格也要有优势。

当前,eBay 虽然仍保持着总销售额逐年增长的势头,总体体量依然庞大,但是也面临着严峻挑战。

二、速卖通(Aliexpress)

在众多跨境电商平台中,速卖通是唯一有着中国基因的平台。依托于阿里巴巴系统庞大的流量和用户基础,成立于 2010 年的速卖通虽然起步较晚,但发展迅猛。速卖通凭借着得天独厚的对中国商家熟悉的优势,在重视消费者推广的同时,更重视卖家群体的培养,通过宽松的入驻条件、较低的佣金费率等措施,吸引了大量卖家入驻。目前速卖通已成为全球商品品类最丰富的平台之一。

速卖通的特点是价格比较敏感,低价策略明显,这也跟阿里巴巴导入淘宝卖家客户策略有关,很多人做速卖通的策略就类似于前几年的淘宝店铺。速卖通的侧重点在新兴市场,特别是

— 1 —

在俄罗斯和巴西,差异化的市场战略让速卖通快速成长,迈出了发展中的重要一步,赢得了在世界电商平台中的竞争门票。

随着自身规模的增长,速卖通逐步把改善用户满意度提上日程。为了确保消费者能够在购物过程中享有满意的商品和服务,速卖通平台提高卖家准入门槛,同时,在发货时效、售后客户服务水准等方面对卖家提出严格要求。新的标准让不少卖家不适应,但只有适应发展的要求,才能始终不被市场淘汰。

三、Wish

Wish平台起步最晚,它成立于2011年,其转型为购物平台并为中国卖家所关注是在2014年。

Wish是新兴的基于手机软件（App）的跨境电商平台,主要靠物美价廉吸引客户,在美国市场有非常高的人气,其核心品类包括服装、饰品、手机、礼品等,大部分都是从中国发货。在Wish平台的成交总额中,有97%的订单量来自移动端,App日均下载量稳定在10万,峰值时冲到20万。

从目前的移动互联网优势来看,Wish未来的潜力是非常巨大的。Wish平台的特点是属于私人定制模式下的销售。它利用智能推送技术,为App客户推送他们喜欢的商品,真正做到点对点的推送。且有一个优点是它一次显示的商品数量比较少,通过这样的精准营销,卖家短期内可以获得销售额的暴增。

虽然移动端购物为大势所趋,Wish也正好抢得先机,但是因为发展太快后续服务跟不上,Wish平台缺少主动营销的空间。当前,Wish平台正在通过不断优化自己的物流系统等措施寻求对卖家公平和让消费者满意之间的平衡点。

四、亚马逊（Amazon）

和eBay相同,亚马逊创立于第一波互联网浪潮兴起的1995年,但和eBay不同的是,亚马逊创立之初以打造最大的网上书店为目标,运营模式则是当时不被人看好的重资产自营模式。在被诟病20年后,亚马逊凭借其独特的运营模式所构筑的护城河,形成了一个完整的电商生态链。

亚马逊以商品为驱动,要求商品质量必须要有优势,而且还必须要有品牌才行,如果卖家没有品牌,最好不要去做亚马逊。目前来看,亚马逊的进入门槛是最高的,但也是最容易获取利润的。

亚马逊成立以来,一直贯彻"世界上最以客户为中心的公司"的理念,在其决策过程中始终坚持以"让用户满意"为原则,深得用户的认可和赞誉,高满意度的消费者们为亚马逊带来了丰厚的回报,高频的重复购买率和超高的用户年度消费总额等指标都成为平台快速发展的重要推动力。庞大的市场体量、高速的年均增长速度、高质量的客户群体、快捷高效的FBA发货系统、完善的售后客户服务体系等因素,都成为卖家入驻亚马逊平台的重要动力。

第二节　亚马逊发展历程与亚马逊中国

在"购物党"的观念中,亚马逊是那个让成千上万欧美消费者任性买货的购物网站。1995

年 7 月,亚马逊(Amazon.com)正式上线,创始人为美国人杰夫·贝佐斯。

亚马逊总部位于美国华盛顿州的西雅图。上线伊始,亚马逊只是一家网上书店,经营图书的网络销售业务。在之后的发展过程中,亚马逊通过收购,慢慢地促进了其业务的多元化。1999 年,亚马逊推出了 Amazon Marketplace 平台业务,为小型零售商和个人提供在亚马逊出售商品的平台,商品不限于图书。

2000 年,亚马逊又往前迈进了一步,允许第三方零售商和卖家使用其电子商务平台,数以万计的小企业和个体零售商选择亚马逊的网上销售等项目,希望借此获得亚马逊的庞大客户群。

如今,在亚马逊平台上,亚马逊及其他销售商为客户提供数千万种独特的全新、翻新及二手商品,品类包括图书、影视、音乐、游戏、电子商品、家居园艺用品、健康美容、玩具、母婴用品、服装鞋帽、珠宝、运动户外用品、汽车配件等。亚马逊超越沃尔玛成为全球最大零售商。截至 2019 年 10 月,亚马逊市值达到 8700 亿美元,高居全球第二,仅次于苹果。在 2019 年最新的《财富》世界 500 强榜单中,亚马逊也从 2018 年的第 18 名提升到 2019 年的第 13 名。

中国买家熟悉的"亚马逊中国"是亚马逊在中国的网站,该网站为中国消费者提供便利、快捷的网购服务。亚马逊中国的前身为卓越网,2004 年卓越网被亚马逊收购,成为其子公司。收购之后,贝佐斯不为外界影响,不疯投广告,不打价格战,继续按照其全球理念与战略改造卓越网,始终坚持以客户需求为中心,而不像其他大多数企业那样以市场竞争为重点。经过三年的过渡,2007 年,卓越网才改名为"卓越亚马逊",2011 年,再次更名为"亚马逊中国"。

然而,亚马逊在中国的发展并不如预期那么顺利。在卓越面前,无论是当时刚上线的京东,还是早一年上线的淘宝都是稚嫩后辈。2003 年 10 月,卓越网京、沪、穗三地配送费降至一元,日订单量已突破 12000 单。

收购卓越网后,亚马逊花了三年的时间用自己的数据库系统替代卓越网以前的系统,将亚马逊中国的 IT 系统打造成为当时行业最为领先的系统。这和亚马逊当时的策略相符:不给电商业务打广告,希望通过平价、服务及口碑获得新用户。

就在亚马逊收购卓越同年,淘宝网已经毫不犹豫地通过影视植入的方式开始了广告宣传,配合同年支付宝的诞生和淘宝旺旺的出现,淘宝在次年就击退了 eBay 中国。

在迥异于美国市场的中国,亚马逊中国缺乏应对瞬息万变的市场应该做出的及时反应。不少业内人士都认为,这也是美国大公司迁移到中国面临的通病,本土团队往往缺乏独立决策权。

到了 2007 年,当淘宝网全年成交额已突破 400 亿的时候,卓越网才正式更名为"卓越亚马逊",开始在中国市场上开疆拓土并破天荒地打起广告。

差距就这样一点一点逐渐被拉开。其中一件标志性的事件是,亚马逊于 2015 年在天猫上开设了官方旗舰店,售卖品类包括服饰、食品和生活用品,全部使用亚马逊中国自有物流。这是亚马逊尴尬流量拓展之举的第二次尝试,在这前一年的"双 11",亚马逊中国还在天猫上开业了一家专门售卖 Kindle 阅读器的旗舰店。

尽管透着人人皆知的无奈,但在当时的主流解释当中,这样的举动仍被形容:亚马逊通过天猫贴近中国,天猫也会在之后通过亚马逊迈向国际。然而很快地,天猫拥有了自己的"国际",亚马逊却最终丢掉了"中国"市场。

2015 年后,亚马逊开始在中国割舍其业务的起点了。贝佐斯早已不用像创业初期那样,驾车前往俄勒冈州的波兰特,参与一个个面向个体书店的讲座,展开为期四天的售书之旅。在亚马逊之中,还有营收贡献更大的 Kindle、AWS、海外购项目。

在剩下的三项业务中,Kindle 早已成为现象级商品。在进入中国市场五年后,2018 年 Kindle 在中国的累计销量达到数百万台,占据了超过 65％ 的市场份额。而付费电子书下载量和 Kindle 付费用户数分别较 2013 年增长了 10 倍和 12 倍。

转向代理模式后,亚马逊不断降低 Kindle 的硬件价格。由于硬件设备带来的天然入口优势,其在电子书销售方面也牢牢稳住了市场。

伴随着早期中国市场的衰退,亚马逊从 2014 年开始便把眼光投向海外,上线亚马逊海外购商店,这也是 2018 年亚马逊中国调整后依然保留的业务之一。亚马逊在中国的购物者虽然将无法再从该国的第三方商户购买商品,但他们仍然可以通过该公司的全球商店从美国、英国、德国和日本订购。

这看起来就像迟暮英雄留给观众的背影。它想暗示亚马逊在电商方面仍将和中国的电商平台展开厮杀,只不过战场已搬离中国。值得注意的是,尽管亚马逊大幅收缩、调整在中国的电商业务,但从整个公司来说,亚马逊未必真的要放弃中国市场。

事实上,从亚马逊的声明中可以看出,其对 Kindle、云业务还将继续发展。另外,跨境电商即服务中国卖家也是亚马逊中国承接转型的一个重要任务。从这个意义上讲,亚马逊并没有走,它只是选择了另一个战场。

在另一个战场上,亚马逊在 2012 年启动亚马逊全球开店项目,正式开始向中国卖家抛出橄榄枝。在电商全球化浪潮的影响下,亚马逊开始对中国企业进行招商,扩充商品品类,开发中国制造的商品,吸引更多中国卖家进入,中国卖家通过亚马逊将中国商品卖向全球。

亚马逊全球开店项目一经推出,中国卖家数量及其销售额飙升。相较于 2012 年,2018 年借助该项目走向国际市场的中国卖家数量增长了近 50 倍。亚马逊平台之所以能够发展得如此迅速,自然有其吸引卖家的优势,其具体表现如下:

①接触亚马逊全球 9 亿优质客户。亚马逊具有海量购物会员,其中数以亿计的为优质客户群体 Prime 会员,他们具有全年不停购、忠诚品牌粉、服务要求高等特点。他们是亚马逊的忠实用户,他们将对亚马逊的信任自然而然延伸到中国卖家身上。

②涉足覆盖北美、欧洲、澳洲、日本四大销售区域的全球业务。亚马逊通过四大站点、十个国家拓展全球业务,实现人、店在中国,使卖家足不出户也能迅速将业务拓展到国外,接触全球海量的亚马逊客户。

③在各国独特文化以及季节性消费趋势中,获得新的销售机遇。亚马逊拥有全球多个地区客户源,这意味着中国卖家可以在全年销售季节性商品,全年不停卖,充分利用文化或商品的流行趋势,调整销售策略,获得更多商机。

④接触拥有强大消费能力的亚马逊 Prime 会员。亚马逊为 Prime 会员提供包邮服务及其他各种出色服务,让他们拥有极高的品牌忠诚度,形成超高重复购买率。

第三节 亚马逊全球开店项目

自 2012 年亚马逊全球开店项目在中国启动以来,中国成为亚马逊的重点战略市场,中国卖家数量强势增长,他们通过亚马逊拓展全球市场。借助亚马逊平台,中国卖家可将商品销售给全球9亿多活跃用户,其中包括不断增长并具有较高消费能力的Prime优质会员群体。亚马逊全球80多个运营中心帮助中国卖家以更快的速度和更优惠的价格将商品送达消费者手中。

一、全球开店站点

目前中国卖家可以直接通过全球开店入驻亚马逊的四大站,共计10个站点,具体如下:

(1)北美站:美国、加拿大、墨西哥。

(2)欧洲站:英国、德国、法国、意大利、西班牙。

(3)日本站:日本。

(4)澳洲站:澳大利亚。

注:印度站和阿联酋站现在也支持中国卖家入驻,不过印度站需要在当地注册公司,阿联酋站目前是邀请制入驻。

二、中国企业为何选择全球开店

中国企业选择亚马逊全球开店有以下几个原因:

(1)亚马逊通过全球开店项目,可以筛选、培养优质的中国卖家,扩充平台商品种类,开发中国制造的优质商品。

(2)卖家借助亚马逊平台的优势,可以零距离接触亚马逊全球9亿优质买家,将商品销往全球,有助于卖家涉足全球业务,将企业商品卖到全世界。

(3)在所有亚马逊的买家中,亚马逊的Prime会员具有高消费能力,购买频率也最高,是全球卖家的业务发展主力市场。卖家借助亚马逊的智能物流体系,可以接触到成千上万的亚马逊Prime会员。

(4)通过全球开店项目注册卖家账号,相比自注册的普通卖家账号,具有起点高、安全性高、封店率小、有客户经理指导等优势。

第四节　亚马逊的六大特点

卖家想要在亚马逊上开店并成功经营,首先要了解它的特点。作为全球第一名的电商平台,亚马逊有哪些特点呢?

一、中心思想,客户至上

贝佐斯认为,为用户带来良好的体验,是一家企业长期发展必须永远坚持的事情。不同于苹果根据技术变革吸引用户,亚马逊的思路起源于客户,先清楚客户的需求,然后将其落地到商品策划上。亚马逊之所以能够打败其他竞争对手,恰恰也是基于客户至上的理念,为客户创造最优惠的价格、最全的商品种类、最快的配送、最优质的服务、个性化定制页面等。值得一提的是,其超值的Prime会员服务也是非常出色的,亚马逊不仅能够让许多会员以最优惠的价格和最快的速度拿到商品,还能够提供更多的数字内容。亚马逊的会员性价比非常高,每年以99美元的价格就可以享受免运费服务、视频(电影、电视剧)免费下载和收看、即时配送业务(类似外卖业务快速送达)、预售业务(保证在发售当日拿到)、游戏福利、大量音乐的免费收听以及下载、音频节目免费收听、电子书与杂志部分免费、每日折扣、婴儿食品和纸尿裤优惠、每日商品优惠、免费照片存储等一系列超值服务。

环顾整个亚马逊系统，我们会发现它一直坚持这样一个原则，那就是顾客满意度这一元素高于包括零售合作伙伴关系、短期盈利以及公司股价等在内的这些传统公司所优先看重的元素。在亚马逊早期发展阶段，首席执行官杰夫·贝索斯坚持在会议期间保留一个席位，"面向顾客"保持开放状态。现在，他仍然会亲自查看顾客反馈，并且会对出现的问题打个问号转发到相关部门负责人手中。

二、消费者权利

消费者在亚马逊上买东西是一件很舒服的事情，因为消费者的所有满意和不满意的地方，亚马逊都会全盘接受。消费者对配送不满意，对店里的商品不满意，或对客服不满意，可以通过店铺进行反馈。商品用了一段时间坏了，消费者可以通过商品评论来吐槽商品。或者消费者有任何其他（包括以上）不满意之处，可以通过亚马逊 A-Z 索赔进行投诉。甚至当消费者收到商品三十天内，如果消费者觉得有任何不满意或者不想用了，可以无条件退回给亚马逊，亚马逊可以给消费者换新或者直接退全款。

三、Prime 会员

亚马逊 Prime 是美国亚马逊的一种类似 VIP 的收费会员制度，类似京东的 Plus 会员，消费者缴纳一定的会员费，即可享受亚马逊购物的增值服务。

以美国亚马逊为例，目前美国亚马逊 Prime 会员的年费为＄119（2014 年前为＄79），参加了该 Prime 会员服务的消费者即可获得包括 0 元包邮、提前参加闪购、免费试听音乐、获得海量音乐、影视流媒体服务、网络相册以及数字图书租赁等，更能拿到会员专属折扣等多重会员增值服务。对于亚马逊 Prime 会员来说，这无疑是十分诱人的，自亚马逊 Prime 会员推出以来，续订率达到了惊人的 92%。

四、深度绑定生活娱乐

无论是音乐、电影、书籍还是电视，亚马逊不仅占据了欧美消费者的购物车，还把他们的精神生活牢牢锁住。还有亚马逊一系列 Alexa 智能家居设备，回家之后门也是亚马逊帮用户开，灯也是亚马逊帮用户开，用户呼叫一声"Alexa"，电视机打开之后播放着当下最新的亚马逊影业自制剧。而这所有的一切，都联系在用户的亚马逊 Prime 账号上。

贝索斯并不喜欢遵循传统的策略，娱乐也不例外。与 HBO(home box office)和网飞 Netflix 购买内容和营销支出并试图通过每月订阅赚回所有钱不同，亚马逊的计算更复杂，需要将用户签约到亚马逊 Prime 中，并让年度会员计划变得更引人注目，以至他们永远不会离开。

如果当日达和次日达、全食超市折扣以及无限音乐还不够，也许用户会对《了不起的麦瑟尔夫人》《灾难》或《魔戒》上瘾，再加上一系列独家打造的电影，亚马逊很容易吸引住用户。

五、亚马逊自营商品

电商平台做自营品牌有着天然的优势。一方面，它们拥有强大的后台数据，对用户的搜索习惯、商品喜好有清晰的认知；另一方面，用户在平台上买东西，是基于对平台的信任，这种信任很容易迁移到平台的自营商品中来。而亚马逊也保证了自营商品的品质,同时涵盖了几乎所有品类,当能买到价格便宜、质量好、带有亚马逊商标的商品,每一个消费者都会为之而心动。

总的来说,亚马逊拥有双重身份——科技公司和零售商,他们非常善于利用品牌数据和销售数据来进行观察分析,无论是官方网站还是第三方卖家的品牌,一旦发现热卖的商品,他们就会运用巨无霸对于供应链的绝对话语权,来生产一些足够好或者近似原创的商品,价格也能控制得比较低,所以自营商品一直能占据优势并且规模越来越大。

六、亚马逊智能家居硬件

当消费者打开世界上任何一个站点的亚马逊首页,首页大图看到的永远是亚马逊在推销自家的亚马逊智能家居商品。平板电脑、智能音箱、电视盒子、门铃、插座、闹钟、微波炉、摄像头等,只要家里带开关的电器,亚马逊都能够使其智能化并带着它的智能语音助手 Alexa 走进消费者的生活。据统计,搭载 Amazon Alexa 的设备已经在全球卖出了近 2 亿台,亚马逊在智能家居领域成为全球独一无二的典范。

亚马逊凭借智能音箱 Echo/Alexa 开启了语音控制智能家居时代,并在全球掀起造"箱"热潮,让亚马逊成为全球当之无愧的智能家居龙头。Echo 系列智能音箱长时间占据全球第一的位置。依据调研机构 Canalys 数据显示,2019 年第二季度全球智能音箱出货量为 2610 万台,同比增长 55.4%,亚马逊依旧牢牢占据全球第一的位置,出货量 660 万台同比增长 61.1%,占据全球 25.4% 的市场份额。

在 2019 年年中,亚马逊在其总部再发布多款智能硬件新品,从 Echo 系列智能音箱到安防摄像头,再到智能微波炉等智能家居商品,以及 Amazon Alexa 语音生态,亚马逊成为全球智能家居市场风向标。需要指出的是,在没有 IOS 与安卓系统生态支撑下,亚马逊在苹果与谷歌两大巨头中突围而出,引领家庭生活进入语音控制时代,如今"音箱＋语音助手"已成为巨头争夺家庭入口的标配组合。

第五节　亚马逊的核心运营思维

要想做好亚马逊,需要了解它的规则,遵循它的规则,利用它的规则。亚马逊是一个以客户体验为中心的平台,客户满意度极高。这一切都源自它提出和坚持实践着的四大商业理念,即:重推荐,轻广告;重展示,轻客服;重商品,轻店铺;重客户,轻卖家。下面将分别对这四个理念进行阐述。

一、重推荐,轻广告

卖家可能会发现亚马逊平台上的站内推广形式很少,基本上除了商品广告(sponsored products)和展示广告(display advertising)就是优惠券(coupon)了,实际上这些也不是亚马逊的关注点和盈利点,它始终都在以客户体验为导向,过多的广告会引发客户的反感。

客户登录亚马逊以后,系统会根据他的浏览习惯、搜索习惯、购物习惯、付款习惯等个性化数据,进行关联推荐和排行推荐,以拓展他的选择范围,增加他的访问深度。从结果上来看,这两种推荐方式的转化率也不错,有效地触发了客户的购买行为。亚马逊上有一个推荐位"Frequently Bought Together"，翻译为"经常一起购买的商品"，比如客户在购买打印机时，会给他推荐墨盒；顾客在购买读卡器时，会给他推荐 SD 卡或 TF 卡。

另外，当客户再次登录亚马逊网站时，之前浏览过的商品仍会被展示，继续对他进行提醒和刺激，很多客户在这样的刺激下也做出了购买决定。凭借着这样的算法和技术，亚马逊在业内有着"推荐系统之王"的美称。据统计，亚马逊有 35％的销售额都与推荐系统相关。

二、重展示，轻客服

与其他电商平台不同的是，亚马逊没有即时在线客服，所以如果买家在购买商品前有疑问，只能通过邮件这种形式来咨询卖家，一来一去的时间成本很高，等到卖家回复时，买家可能已经离开了。所以这就促使卖家必须在商品页面将所有的信息表达得尽量丰富、全面和完整，同时要不断地对商品进行优化，在标题、图片、五行描述、长描述等方面精心打磨，将买家想要了解的内容进行充分的展示。

这种邮件系统是亚马逊的特色，其目的是鼓励买家自助购物，尽可能简化整个交易流程，想买就下单等收货，不想买就换个商品继续了解。

三、重商品，轻店铺

有人说，想要做好亚马逊，选品是重中之重。想要成为亚马逊上的成功卖家，要靠多店铺或者多 SKU（库存进出计量的基本单元）来运作，因为在亚马逊进行关键词搜索时一般不会出现店铺，所以卖家只能靠不断优化商品，来让自己的商品排名靠前。很多优秀的亚马逊卖家的经营策略都是"少做商品，做精商品"，整个店铺可能只有十几款商品，少数几家的商品甚至在十款以内，仔细分析它们的商品会发现一个月内写好评的人数不少，说明销量也确实不错。

这种经营策略会让卖家更有效地进行库存管理，集中精力做好商品，服务好买家。而在选品上，卖家要注意三个问题，一是要选择自己熟悉的商品，二是要选择价格优的商品，三是选择能满足市场需求的商品。

四、重客户，轻卖家

亚马逊设计了两套评价体系，一个是商品评论（review），另一个是买家反馈（feedback），前者针对的是卖家提供的商品，后者针对的是卖家提供的服务等综合因素，这表明亚马逊非常鼓励客户表达真实的购物感受。

这两套评价体系对卖家的影响都比较大，前者影响的是销量和转化率，后者影响的是卖家的排名和黄金购物车（buy box），如果评价星级非常低，不但没有什么曝光量，甚至会受到亚马逊的警告或者被移除销售权限。

不过卖家也不要认为自己就一定会受到不公正的待遇，从实际情况来看，亚马逊对买家和卖家之间的平衡点把握得比较好，它会根据实际情形来判断责任归属。确实是卖家的问题，严重的会被关闭账号；如果是买家无理取闹或是出于其他目的构陷卖家，亚马逊也会做出公平的处理。

第六节 中国亚马逊卖家运营之道

了解了亚马逊的四大商业思维后,卖家应如何用其指导自己的实际运营呢? 卖家要如何操作才能不违反亚马逊的商业理念,将生意做得风生水起呢? 主要有以下几个方面。

一、做好商品,深耕供应链

商品是亚马逊的核心,而对供应链的把握则是核心中的核心。卖家需要找到品质非常好的商品,这是首要保障,否则很难成为爆款,而在商品做起来以后,最怕的就是断货,因此卖家在供应链上如果有优势,对其后期的成长帮助很大。

如果商品、供应链、服务和营销加在一起一共有十分,那么商品占五分,供应链占两分,服务占两分,营销只占一分。有了好的商品且拥有了核心的技术,卖家才能在亚马逊上越做越轻松。商品是与客户连接的最好媒介,更是一个活广告。

二、服务至上,引导买家留好评

有了高品质的商品和优质的服务,同时配合一定的引导策略,就能让一些买家留下好评。当商品的好评多了以后,亚马逊的推荐也会多起来,卖家的商品将会在更多的买家面前予以展示。所以只要内功修炼好了,将流量转化成订单自然是水到渠成的事。

三、尽量做到专业化、本土化

卖家需要向专业化、本土化靠拢,进行全方位的包装,小到图片的拍摄、语言的表达、标点的使用,大到商品的包装、质检的标准、整体的定位,都要最大化地遵循买家的当地标准,比如说明书用当地语言撰写,客服用当地语言沟通,退货方式契合当地习惯等。当然,这不是一朝一夕就能做好的事情,要从容易实现的环节开始去做,要一步步地去做。

四、要有整体的运营思维

营销和运营是有差别的,刚开始的时候,卖家要做的就是营销,要持续不断地营销,站内推广和站外引流主要的渠道和方法就那么几个,找到适合自己的那一个,找到差异化的手段和模式。等到销量有起色的时候,就要更侧重于运营了,让老客户再回来,让新客户沉淀下来,就能让自己在亚马逊上的生意滚动起来。

五、要不断试错

世界上唯一不变的就是变化,亚马逊的政策和规则也总是在不断调整,今天管用的经验可能明天就过时了,学习和成长变得尤为重要。而在学习和成长的过程中,犯错是在所难免的。一些卖家总是在寻找捷径,其实最好的捷径就是亲自去做、去尝试、去验证。等到犯的错多了,吃的苦多了,走的冤枉路也多了的时候,自然就收获到宝贵经验了。

课后习题

1. 目前主流的跨境电商平台分别是哪四个？简要介绍这四个电商平台各自的特点。
2. 上述四个平台中，哪个平台对品牌化的要求最高？
3. 亚马逊基于"客户至上"的基本理念体现在哪些方面？
4. 列举亚马逊目前支持全球开店的站点。
5. 亚马逊平台的消费者权利有哪几项？
6. 亚马逊智能家居生态圈是基于亚马逊哪个商品？
7. 亚马逊为消费者提供了哪两套评价体系？
8. 请列举亚马逊的四大核心运营思维理念。

第二章　亚马逊全球开店

本章要点

- 亚马逊开店注册流程指导
- 亚马逊全球开店收费标准
- 全球开店之防关联
- 亚马逊账号申诉
- 亚马逊收款账号
- 亚马逊品牌商标

第一节　亚马逊开店注册流程指导

一、亚马逊账号类型及特点

亚马逊的账号主要有两种,分别为专业销售计划(professional plan)和个人销售计划(individual plan),也就是我们常说的个人卖家和专业卖家。

个人卖家账号不向亚马逊缴纳平台店铺月租,在实际运营中没有批量操作功能,不能下载订单数据报表,不能使用站内的各项促销工具,所发布的商品没有购物车,不能使用亚马逊物流服务(FBA)。虽然亚马逊不会收取个人卖家的店铺月租,但个人卖家每销售一件商品会被收取 0.99 美金。

专业卖家账号须向亚马逊缴纳平台店铺月租,可以对店铺的商品和订单批量操作,能够下载订单数据报表、付款明细、店铺流量数据报表等。在运营过程中可以使用平台提供的站内广告、促销、秒杀等工具促进店铺的销量。另外,专业卖家店铺的商品可以凭商品的表现获得系统自动分配的购物车。有数据显示,亚马逊平台 90％以上的销售额都是经由黄金购物车产生的订单。

通过上述对比,我们可以看出,个人卖家账号和专业卖家账号两者最大的区别就是是否缴纳平台店铺月租,不同的级别影响着运营中是否可以享有更多的重要工具和功能。如果想在亚马逊平台上获取更多的利润、得到更大的发展,专业卖家账号是必然的选择。

二、全球开店的注册方式

企业进行全球开店注册有两种方式:自注册和联系招商经理注册。无论选择哪种方式注册账号都是免费的,目前来说,较多人偏向于通过招商经理通道注册账号。

— 11 —

1. 自注册

自注册是指卖家直接在亚马逊中国网站的"全球开店"入口进行注册。

2. 联系招商经理注册

联系招商经理注册是指联系亚马逊全球开店的招商经理，通过招商经理提供的注册链接进行注册。

卖家注册全程有招商经理进行辅导，通过招商经理的注册账号，可以申请各个站点的秒杀机会，有助于卖家快速成长。如果是自注册的，则没有这些优势。

三、全球开店的注册资料

1. 注册各站点所需的资料

(1)注册北美站所需资料。

①注册邮箱。建议使用 Gmail 等国外邮箱账号，不建议使用 QQ 邮箱或国内邮箱。

②三证合一的公司营业执照。

③店铺名称。英文名称由卖家自拟，这个名称会出现在亚马逊购物页面。

④双币信用卡。双币信用卡是带 Visa、Mastercard 标志的，法人代表、股东或其他自然人的都可以。

⑤收款账户。收款账户包括 P(payoneer)卡、WF(wordfirst)卡、第三方收款工具、当地银行收款账户等。

⑥全新的手机号码。全新手机号码是法人代表或其他自然人的都可以。

(2)注册欧洲站所需资料。

①注册邮箱。建议使用 Gmail 等国外邮箱账号，不建议使用 QQ 邮箱或国内邮箱。

②三证合一的公司营业执照。

③店铺名称。英文名称由卖家自拟，这个名称会出现在亚马逊购物页面。

④双币信用卡。双币信用卡是带 Visa、Mastercard 标志的，法人代表、股东或其他自然人的都可以。

⑤收款账户。收款账户包括 P 卡、WF 卡、第三方收款工具、当地银行收款账户等。

⑥全新的手机号码。全新的手机号码为法人代表或其他自然人的都可以。

⑦占股 20％或以上的受益人信息。凡占股 20％或以上的受益人信息都需录入。录入的信息包括身份证号码(护照号码)、名字、邮箱、出生日期、电话、居住地址。

⑧法人代表身份证。

(3)注册日本站所需资料。

①注册邮箱。建议使用 Gmail 等国外邮箱账号，不建议使用 QQ 邮箱或国内邮箱。

②三证合一的公司营业执照。

③店铺名称。英文名称由卖家自拟，这个名称会出现在亚马逊购物页面。

④双币信用卡。双币信用卡是带 Visa、Mastercard 标志的，法人代表、股东或其他自然人的都可以。

⑤收款账户。收款账户为 P 卡、WF 卡、第三方收款工具、当地银行收款账户等。

⑥全新的手机号码。全新的手机号码为法人代表或其他自然人的都可以。

2. 注册资料注意事项

（1）注册邮箱。

不同站点的注册邮箱不能重复，新卖家需要开通几个站点就需要准备几个邮箱。注册邮箱最好不要使用国内的邮箱，建议使用 Gmail、Outlook 等邮箱。

（2）公司营业执照。

公司营业执照需要原件的彩色扫描件或者高清彩色照片。亚马逊全球开店只接受企业入驻，凡是注册公司都可以入驻。

另外，企业可以先在网上查询自己的企业登记状态是否正常，如果是异常状态，比如说两三年没有做过年审，这种情况会影响到店铺的审核结果，建议先联系工商局处理营业执照状态。

（3）店铺名称。

店铺名称由卖家自拟，使用英文名称。如果卖家提供的店铺名称与已存在的亚马逊平台上其他卖家的店铺名称重复了，会被系统检测出来，那就需要重新拟定店铺名。店铺名称后期可修改。

（4）双币信用卡。

建议使用带 Visa 或者 Mastercard 标志的双币信用卡，不限银行，信用卡激活并能正常扣款即可。现在，欧洲站必须提供法人代表或股东的双币信用卡，北美站和日本站可以使用法人代表、股东以及其他自然人的双币信用卡。

双币信用卡申请所需时间一般为半个月，具体以每家银行的办理时间为准。

（5）收款账户。

收款账户可以是 P 卡、WF 卡或其他第三方收款工具，或者是美国、欧洲、日本等国家和地区当地银行的账户收款卡。欧洲站必须使用以公司名义注册的收款账户，不能使用以个人名义注册的收款账户。北美站和日本站既可以使用公司名义注册的收款账户，也能使用以个人名义注册的收款账户。

另外，如果从公司以后上市或被并购的角度考虑，建议绑定公司账户，从一开始就规范化操作；如果以省钱为目的，可绑定个人账户进行收款。关于收款账户，很多人会把它和双币信用卡混淆，以为有了双币信用卡就不用再提供收款账户了，这种认识是错误的。二者的功能是不同的，双币信用卡主要用来扣款，收款账户用来接收店铺货款，二者分工明确，不能相互代替。

（6）全新的手机号码。

手机号码也需要是全新的，该手机号之前从来没有在亚马逊上注册过卖家账号。如果使用同一套公司资料注册不同的站点，可以使用同一个手机号码；如果使用不同公司资料注册同一个站点的多个店铺，需要使用不同的手机号码，以防关联。

为了账号安全起见，建议卖家准备一个全新的手机号码，专门用作亚马逊注册及运营。另外，不建议使用卖家的私人手机号码作为注册联系方式，以防关联及后期交由其他人员管理时造成不便。

3. 注册前的准备工作

最安全和最直接的方法是：申请亚马逊账户的所有资料、网络以及硬件都是全新的。

（1）注册时使用的公司资料必须是"干净"的，从来没有在亚马逊上注册过卖家账号，以防关联。

（2）注册时使用的电脑及网络必须是"干净"的，从来没有注册或者登录过亚马逊卖家账号，以防关联。

4. 通过招商经理通道注册店铺的流程及需要的时间

下面以北美站为例进行说明。

（1）联系招商经理，进行预登记。大概需要 3～7 个工作日卖家会收到招商经理发来的第一封联系邮件（了解公司基本信息），收到第一封邮件后卖家需在 24 小时内按要求回复，回复后在 1～3 个工作日内招商经理会发来第二封邮件（带有注册链接的邮件）。

（2）点开注册链接（注册链接有效期为 14 天）。完成注册大概需要半小时。

（3）卖家身份信息验证。卖家身份验证需 2 个工作日，主要看提交资料的准确度和审核团队的进度，目前北美站需要做卖家身份信息验证。

（4）销售权审核。销售权审核需要 2 个或 2 个以上的工作日，主要看提交资料的准确度和审核团队的进度。目前北美站需要进行销售权审核。

四、全球开店的注册流程

这里以通过招商经理通道注册美国账号为例，详解全球开店的注册流程。

1. 创建新用户

点击来自招商运营经理邮件中的注册链接，此链接有效期为 14 天。如图 2-1 所示。

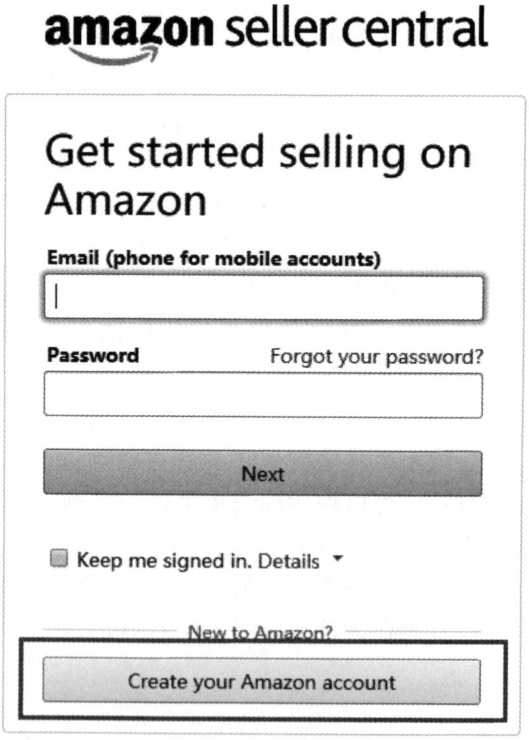

图 2-1　创建新用户

2. 填写账户名称和注册邮箱

填写账户名称和注册邮箱对话框,如图 2-2 所示,必须使用收到注册链接的邮箱。

amazon seller central

Create account

Your name

填写法定代表人姓名

Email

请填写收到注册链接的邮箱

Password

At least 6 characters

i Passwords must be at least 6 characters.

Re-enter password

Next

Already have an account? Next ›

图 2-2 填写账户名称和注册邮箱

3. 输入有效邮箱验证码

根据提示,在相应的对话框中输入有效的邮箱验证码。

4. 填写卖家协议

如果法定名称显示过长,建议使用拼音全小写,无空格。

5. 填写卖家信息

填写地址、卖家名称、联系方式,进行电话/短信验证码验证。

(1)电话验证。用户会接到系统打来的电话,接起电话,把电脑中显示的 4 位数字输入手机进行验证,若验证码一致,即认证成功。当系统验证出错时,请尝试用其他语言进行验证或者短信验证,3 次验证不成功则需等候 1 小时后才可重新验证。

(2)短信验证。输入收到的短信验证码进行验证。

注意:验证完成后,用户将无法退回至本步骤修改信息,所以在验证前要仔细检查。

6. 设置用户的账单/存款信息

填写信用卡卡号、有效期、持卡人姓名、账单地址,设置信用卡。

（1）使用可以支付美元的中国境内银行双币信用卡（Visa、Mastercard 均可）。

（2）确认默认地址信息是否与信用卡账单地址相同。如不同，请使用英文或者拼音填写地址。

（3）信用卡持卡人与账户注册人无须为同一人；公司账户亦可使用个人信用卡。欧洲平台信用卡信息建议使用法人/受益人所属信用卡。

（4）若填写信息正确，系统会尝试对该信用卡进行预授权，以验证该信用卡尚有信用额度，持卡人可能会收到发卡行的预授权提醒。

（5）在注册完成后及账户运营过程中，用户可随时更换信用卡信息，但频繁更改可能会触发账户审核，建议更换前咨询卖家支持。

（6）此信用卡是用于在账户结算时，用户的卖家账户结余不足以抵扣相关款项，系统会从用户的信用卡中扣除每月月费或其他销售费用，如亚马逊物流服务（FBA）费用。

（7）如果用户收到通知，被告知在卖家账户中注册的信用卡信息无效，可以检查以下信息：

①账单地址必须与信用卡对账单中的账单地址完全相同。

②与开户银行核实确认用户的信用卡尚未过期并具有充足的信用额度，且对被拒金额的网上扣款无任何限制。设置收（存）款方式如图 2-3、图 2-4 所示。

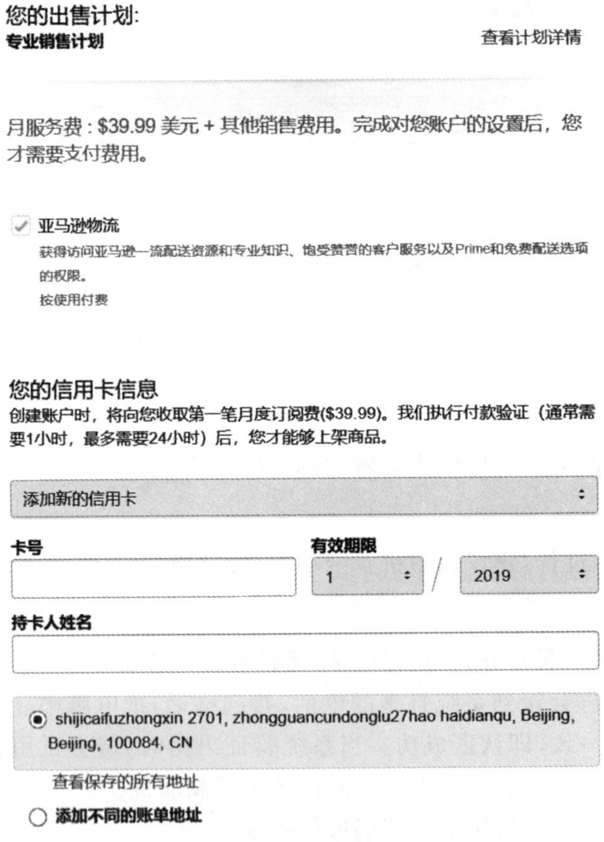

图 2-3　设置收款方式

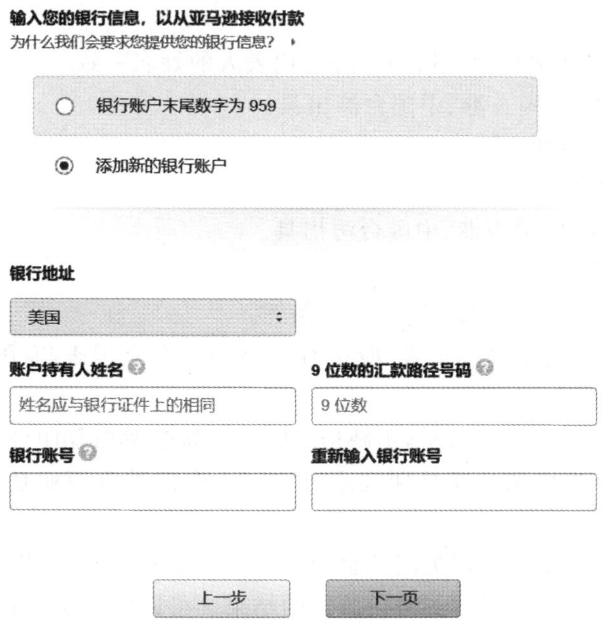

输入您的银行信息，以从亚马逊接收付款

为什么我们会要求您提供您的银行信息？

○ 银行账户末尾数字为 959

◉ 添加新的银行账户

银行地址

美国

账户持有人姓名 ❓ | **9 位数的汇款路径号码** ❓

姓名应与银行证件上的相同 | 9 位数

银行账号 ❓ | **重新输入银行账号**

[上一步]　[下一页]

图 2-4　设置存款方式

7. 商品信息

此步骤可跳过,待账户注册成功后可在卖家后台继续完善。亚马逊会列举一些问题请用户回答,借此了解用户的商品性质和开始销售时计划的数量。基于这些信息,亚马逊会推荐适合用户账户的相关工具和信息。

8. 身份验证

身份验证是卖家在亚马逊开店时必须进行的一个步骤。目前,亚马逊北美站点将卖家"身份验证"从账户注册完成后,提前到账户注册流程中。

公司卖家需要的材料有营业执照、法定代表人身份证。个人卖家需要的材料有身份证、信用卡对账单、银行对账单或费用账单。

注意:卖家身份验证环节完成后,才算注册完成。

(1)选择公司所在国家及卖家类型(注意:此页信息提交后无法更改,请务必慎选)。

①通过招商运营经理开店的卖家选择第二个"我是公司卖家"。

②公司卖家要依照营业执照签发地选择所在国家或地区。中国台湾地区、中国香港地区请选择"台湾""香港"。

(2)填写法定代表人及公司信息。

①中国大陆公司选择"法定代表",中国台湾、中国香港公司选择"董事或代表人"。

②大陆公民请提交法定代表人身份证信息。

③如法定代表人身份证过期日期为永久,请填写 31/12/2099。

(3)上传文档。

卖家要上传身份证正、反面,彩色扫描件清晰可辨,不缺边、缺角,不接受黑白复印件,不接受屏幕截图。

①身份证要求如下：

A. 身份证上的姓名必须与营业执照上法定代表人的姓名一致。

B. 必须由中国大陆、中国香港、中国台湾出具。

C. 身份证必须在有效期内。

②营业执照要求如下：

A. 必须由中国大陆、中国香港、中国台湾出具。

B. 中国大陆：营业执照。

C. 中国香港：公司注册证明书和商业登记条例。

D. 中国台湾：有限公司设立登记表/股份有限公司设立登记表/有限公司变更登记表/股份有限公司变更登记表。

E. 提供的彩色扫描件要清晰可辨，不缺边、缺角，不接受黑白复印件，不接受屏幕截图。

F. 中国大陆营业执照距离过期日期应超过 60 天，中国香港商业登记条例距离过期日期应超过 45 天。

看到身份验证信息提交后即可关闭此页面。在两个工作日后可使用用户的注册邮箱、密码登录亚马逊。卖家在后台即可看到身份验证的结果。可以登录卖家后台即为审核通过注册成功。

（4）信息更正提醒。

如果用户看到红色信息更正页面，请检查注册邮箱里告知没有通过原因的邮件并按照要求重新提交。用户将会有三次机会可以重新提交。

卖家操作提醒：①多页文件请合并到一个文件中进行上传（身份证除外，身份证正、反面请分开上传）。②彩色扫描件必须保持所有信息清晰可读，不接受黑白复印件，不接受截屏，不接受软件处理合成图片。③卖家输入的信息（如法定代表人姓名、身份证号）务必与提交的文件中的信息相符。

完成上述步骤后，账户注册已完成，立即进入卖家后台进行管理。

卖家可以点击右上角的"搜索/帮助"按钮，查找所有关于亚马逊北美站点卖家运营的信息。平台同时为卖家准备了帮助其账户销售成功的培训材料，鼓励卖家学习了解。同时，卖家还可以通过卖家平台的"帮助"按钮，联系亚马逊卖家支持团队，解答其遇到的问题。

店铺注册注意事项如下：

①保证服务器绝对"干净"，建议服务器购买一段时间后再操作。服务器不能"翻墙"，不能登录过任何与亚马逊相关的信息。

②保证资料绝对正确，信用卡要使用法人信用卡。信用卡账单保证跟银行后台一致，营业执照地址可以跟账单地址不一致，而且通常是不一致的。如果亚马逊在审核信用卡的时候证实卖家是法人，可以很大程度降低水电单审核的可能，如果审核信用卡的时候出现问题，有可能需要接受漫长的信用卡重新审核，甚至促发水电单审核。

③注册成功后，卖家需要及时在卖家后台的设置中填写"税务调查"。

④保证注册资料绝对"干净"。这包括注册的企业、联系电话、邮箱，甚至验证的手机都不能跟任何账号有过交叉。即所有资料都要保证绝对"干净"，没有在亚马逊任何店铺里面留下任何记录。

第二节 亚马逊全球开店收费标准

下面以北美、日本、欧洲三大站点为例,来看看亚马逊平台开店涉及哪些基本费用。

一、月租费

月租费主要分为专业卖家和个人卖家。

(1)如果卖家选择成为专业卖家,那么需要收取的月租费为:

北美站:39.99 美元/月;

日本站:4900 日元/月;

欧洲站:25 英镑/月。

(2)如果卖家选择成为个人卖家,目前所有站点都不收取月租费。可以看出,月租费主要针对专业卖家,当然无月租费也是个人卖家的一个优势。

一般情况下,开通一个站点的账号,可以在该站点包含的几个国家市场同时进行销售,但月租费是不变的。

二、单件销售费用

1. 专业卖家

专业卖家无须按件收费。

2. 个人卖家

北美站每售出一件商品,亚马逊将收取 0.99 美元;

欧洲站每售出一件商品,亚马逊将收取 0.75 英镑;

日本站每售出一件商品,亚马逊将收取 100 日元。

综合月租费来看,虽然个人卖家有无月租费的优势,但是每销售一件商品亚马逊将会收取小额的费用。对于新手卖家,当订单量不大的时候,个人卖家是有优势的,但是随着订单量越来越大,这个时候显然还是专业卖家更有优势。

这里需要注意的是,即便专业卖家在亚马逊扣月租的前一两天将账号类型转为个人卖家,希望能省下一个月的月租费,但下次账号类型转回专业卖家的时候,这笔费用仍会被扣掉。

三、销售佣金

所有类型的卖家,都需要为售出的每件商品支付销售佣金。不同品类商品的销售佣金比例和按件最低佣金都有不同规定,亚马逊将收取这二者中的较高者。举个例子,一件体育用品的单价为 20 美元,其销售佣金百分比为 15%,其按件最低销售佣金为 1 美元,所需缴纳的销售佣金为 $20 \times 15\% = 3$ 美元,因为 3 美元高于 1 美元,所以此件体育用品的销售佣金为 3 美元。若该件体育用品的单价为 5 美元,经过计算其所需缴纳的销售佣金为 0.75 美元,小于 1 美元,此时亚马逊将收取此件体育用品 1 美元的销售佣金。钟表类商品所适用的费用构成另有规定,包括每件商品总售价的 15%,外加每件商品最低 2 美元的销售佣金。

第三节 全球开店之防关联

为了注重买家购物体验,防止卖家重复铺货销售相同的商品,亚马逊的规则偏向于相同的商品只在平台上出现一次,跟卖其实也是基于这个理念,为了保证卖家间的公平竞争和为顾客提供最优质商品,亚马逊的页面不强调店铺的概念,而是以商品为主。即"重商品而轻店铺",同一个商品详情页面内可能会有多个卖家。

一、什么是关联

关联是指亚马逊通过技术手段获取卖家相关信息,通过匹配关联因素,判断多个账号是否属于同一卖家。

关联的后果是:同站点,关联且商品交叉,一般会被强制下架新账号的全部商品清单;同站点,几个账号关联,账号表现都不错,卖的品类都不一样,有可能全部存活;任何站点,关联已被关闭的账号,一定会被关闭,关闭时间不确定。

二、关联的因素

1.软件方面

(1)IP地址。非专线宽带都是动态IP,重启路由器可切换IP,但是即使不重启,用户的网络每天甚至每几个小时的外网IP都不同,可以通过网址"www.ip138.com"查询。这样问题就来了:隔壁办公室的亚马逊账号死了,自己的会死吗? 答案是如果仅仅这个因素关联了,是不会被封账号的,因为亚马逊的关联技术是根据多个因素来判断的。

(2)浏览器指纹。亚马逊可以通过技术收集有关用户浏览器的无害数据,如插件、系统字体、操作系统版本、打字方式、打字速度等。这些数据单个来说,不能识别用户,但是这些数据合在一起,就是一个数字指纹,可以判断是不是同一个人操作,就如同我们可以通过一个指纹找到一个人。

(3)Cookie。Cookie是当用户浏览某网站时,Web服务器置于硬盘上的一个简单的文本文件,它可以记录用户的ID、密码、浏览过的网页、停留的时间等信息,这就是Cookie的作用。

(4)验证。用A账号的Cookie去B账号的VPN服务器运行某程序,且B账号的Cookie也是在它的VPN服务器运行过该程序,发现这情况时,亚马逊更换B账号的VPN服务器,但是竟然没有死,这里再次验证了关联是多因素决定的,如果某一个因素关联了,亚马逊在不是很肯定的情况下,也不会去警告用户。

(5)邮件图片或Flash。邮件中如果加载图片或Flash对象,是可以读取用户的IP地址的,关键是这些图片或Flash有时候小到令人注意不到。针对这个问题,有如下两个对策:

①使用Gmail的禁用邮件加载功能。

②只看Email的标题,如果要看详细内容,去亚马逊后台看。

(6)账户信息。姓名、邮箱(要无规则)、地址(退货)、电话号码、信用卡、密码等都不可以相同。

(7)收款账号。无论是用美国的银行卡、WF卡还是P卡,卡号都要不相同,名字可以相同,这些不会发生关联。如果没有这么多收款账号怎么办? 有如下三个解决方案:

①找亲戚朋友熟人开。

②P卡：一般一个身份证申请 2 张不同卡号的 P 卡是没有问题的，如果要开多张 P 卡，需要联系一下客户经理。

③WF卡也可以个人注册，同一个人的 WF 卡账号用在不同的亚马逊账号，不发生关联。

亚马逊监控的以下关联资料相同的话，如域名注册人、品牌注册人、营业执照法人、图片作者、创建时间、修改时间等，也可能作为关联因素。

2. 硬件方面

（1）确定网卡 MAC 地址（media access control address）是不是相同。查看方法为"开始→运行→输入 cmd→输入 arp→a"。

对策：更换网卡（MAC 地址修改器，不建议使用）。

问题：同一个电脑，之前的网卡对应的账号侵权了，加一张网卡用可以吗？ 答案：可以，但是要禁用所有其余的网络适配器。

（2）路由器。查看路由器的 MAC 地址的方法为：进入路由器后台，MAC 地址克隆处显示的 MAC 即为路由器 MAC。

对策：直接使用拨号或更换路由器（MAC 地址克隆，不建议使用）。

3. 商品方面

商品方面遵守三七定律。老商品数据：新商品数据＜3：7，或者把老商品写成新商品也是可以的。

三、防关联布局

1. 远程控制

多条宽带的，需要用到远程控制软件 TeamViewer，其网址为"http：//www. teamviewer. com"。

2. 多个 VPN

对于自己架设的 VPN 服务器、独立 IP，建议本地电脑的设置与 VPN 时区、时间、日期、浏览器语言相同。以下为常用的 VPN 提供商：微软 Azure 云空间、国外 Xvmlabs、国外 DigitalOcean、阿里云等。

四、防关联的基本思路

如果用户想多账户操作，那就要做到让亚马逊觉得是不同人拥有和操作这几个账户，建议如下：

（1）清理浏览器及其一切插件。

（2）切换 IP 或使用 VPN，同时确保电脑中的时区、日期、语言等和 VPN 相同。

（3）彻底清理浏览器的 Cookie。

（4）清理 Adobe Flash Player 中的 Flash 对象。

（5）不使用邮箱的邮件加载功能。

（6）更换网卡，确保 MAC 地址不重复。

总之，防关联的基本思路就是：确保账号的操作以及操作账号的个人都应该是不同的人在不同的地方。对于硬件要保证是新的，一个账号最好只在固定的一台干净的电脑上登录，连接的路由器和猫也要是干净的，而且这个网络环境下只用于亚马逊账号的操作，同时账户绑定的邮箱也只在这台电脑上登录。总之，最好的结果是每个账户之间的信息尽量做到不一样。

对于已经出问题的老账号上的最小存储单位（stock keeping unit，SKU），在新账号上不要一下子全部上架，必须要保证一定比例的新商品。对于账号和平台以及团队架构已经存在一定复杂度的卖家，建议卖家采用更为专业的第三方云端管理工具来管理亚马逊多账号，通过软件即服务（software as a service，SaaS）系统杜绝因为数字指纹、硬件等因素而导致的账号关联，并且最大限度地提高卖家的运营效率，降低卖家的人力成本。

亚马逊上的关联是没有任何提醒的，没有邮件通知，没有客服联系，没有后台警告卖家。总之，是否关联只能凭卖家自己判断，而且关联是不可逆的，没有任何让卖家改正的机会。

五、关联问题的解答

1. 如何知道自己的外网 IP 地址

在浏览器中输入"http：//ip.chinaz.com"即可查出自己的本机外网 IP、网络运营商。

2. 美国站和英国站在同一台电脑和 IP 地址下登陆会关联吗

美国站和英国站在同一台电脑和 IP 地址下登陆也会存在关联，但如果其中一个站点出了问题，另一账号跟着出事的情况不多见（因为亚马逊本来就支持卖家到各个站点开店，把商品销售住各个区域）。

3. 关联只针对卖家账户与卖家账户之间吗

不是，卖家账户和买家账户之间也存在关联。之前国外的一些网站上的一个案例就是因为卖家登录操作了是黑卡的信用卡亚马逊买家账户，导致同一个网络环境下的卖家账户销售权限被移除。

4. 死过账号的电脑如何清理？如何重新做新账号

（1）重装系统，格式化硬盘（改变硬盘序列号），重新分区（最好是直接买一个新的干净的主机）。

（2）更换网卡，如果是 CPU 上的集成网卡，那么找专业电脑人员禁用此网卡，然后买一个USB 外接网卡即可（换主机就不用这么麻烦了，同上）。

（3）更换路由器、猫，然后重签网线（重签网线是最保守的做法，实际上只要改变网络 IP 地址即可）。

（4）重新注册的所有信息尽量和之前的保持差异，重新注册邮箱、注册地址，变更验证手机号码、收款方式等，能和之前的信息不一样的就要不一样。

5. 可以通过用无线网卡连接的网络登录亚马逊吗？手机可以登录亚马逊进行操作吗

（1）"干净"的笔记本＋无线网卡是可以登录亚马逊账号的，无线网卡的网络 IP 不会和其他人的相同。

（2）不建议用手机登录亚马逊账号，因为手机 Wi-Fi 连接的网络和其他电脑的网络 IP 都是相同的，都是同一个外网。

特别提示：对待关联问题的态度要十分保守，建议所有卖家在被"污染"了的电脑和网络环境下如果要注册新账号,直接换主机(不用换显示器)、换路由器、换猫、换网线,账号信息不能与之前的相同。

多账户关联且销售相同商品,亚马逊会发出警告。

第四节　亚马逊账号申诉

一、如何加快新账号审核

正常情况下,新注册用户一周内会收到亚马逊的审核后续邮件,该邮件指出可能需要提供如下信息来加快亚马逊新注册账号审核完成。

(1)提供一个已经在售的其他店铺链接,如亿贝、速卖通、敦煌,但是不要用淘宝这样的中文网站。提供的店铺链接要保证是"干净"的,之前没有申请过亚马逊账号。并且所提供的网站中的网店不能有仿品、侵权的商品,这个非常关键。有个人独立网站的一定要提供。

(2)提供卖家的公司名称/商户名称/用以交易销售的实体名称,并且详细说明其销售计划及货源、库存情况。例如:主要做哪些商品? 做跨境电商有多少年? 是否有工厂? 是否拥有适合海外销售的商品? 团队配置状况怎样? 供货商是否稳定? 物流是否有保证? 是否愿意大力使用 FBA? 等等。提供的佐证资料越多,越容易通过;描述越详细,通过率越高。

(3)从供应商或者分销商处采购商品的发票。

(4)计划在亚马逊上架销售的商品库存量。

(5)要求提供商品的 ASINS 码。亚马逊账号注册完成之后,虽然没有销售权,但是可以上架商品。卖家可以上传一系列商品到亚马逊后台,建议不少于 50 个,数量越多,通过的概率越大。

注:上传的商品一定要符合亚马逊的要求,并且跟前面提供的网址能对应上(审核期间上传商品需使用 GS1 授权的 UPC 码)。

如果卖家销售的商品是代理品牌,一定要提供真实的品牌授权书,亚马逊非常欢迎销售有品牌的商品,但同时又严禁侵权行为。如果卖家的商品已注册国外商标,请提供商标,卖家的账号更容易取得销售权。

如果商品含有电子元件,请出具书面文件证明该商品已经通过检测,且适合消费者安全使用。例如 CE 认证,这个认证可以让卖家的供货商给其提供,因为这个认证会大大提高卖家的注册成功率。

卖家要尽可能多地向亚马逊证明卖家的实力和团队配置。在资料全部清白的前提下,以上问题的回复直接决定账号是否给予开通销售权限。所有信息准备好后将账号信息发送至亚马逊审核部门邮箱"merchant-approval@amazon.com"或者账号内"Notifications"指定邮件中的"Appeal"。

二、销售权限被移除的申诉

亚马逊销售权限被移除一般都是由于以下原因造成的:

(1)糟糕的账户表现。卖家账户的客户指标订单缺陷率、订单取消率、发货延迟率等没达到亚马逊的要求。

（2）违反亚马逊的销售政策。如卖仿货、卖假货、刷单、刷评价、商品上传严重违规、无视平台要求，以及同站点多账户运营被关联时一个账户销售权限被移除，其他的账户跟着出问题。

（3）销售平台明令禁售的商品。如果卖家的亚马逊账户销售权限已被移除，有可能通过申诉要回账户，当然也不是说只要申诉亚马逊就会恢复卖家的账户销售权限。如何申诉呢？步骤如下：

第一步：搞清楚是什么原因导致卖家的账户销售权限被移除。账户销售权限被移除以后，亚马逊一般都会发一封通知邮件（Notification）给卖家，卖家可以通过这封邮件得知准确的原因，到底是因为账户表现差，还是违反亚马逊的销售政策，或者是销售了平台禁售的商品，等等。

第二步：评估卖家过往的销售操作。检查卖家的客户指标，找出那些给客户带来差评的用户体验的订单和不达标的参数；同时也检查卖家账户目前的商品页面，看看这些商品有没有哪些是违反亚马逊的政策的（比如侵权或者假货之类的）。

第三步：创建一个补救的行动计划。写一个行动计划，概括一下卖家在第二步中发现的与账户销售权限被移除有关的问题，提供一个能够有效解决相关问题的精确的行动计划，这可以很大程度上恢复卖家账号的销售权限。

第四步：把卖家申诉的内容发给亚马逊。补救的行动计划创建写完后，将其发送给亚马逊，希望其恢复卖家销售权限。

登录卖家账户后台。点击"Performance"按钮中的"Performance Notifications"。找到关于卖家销售权限被移除的告知邮件，打开邮件，点击"Appeal"按钮。点击"Appeal decision"按钮，把卖家的补救行动计划写入。点击"Submit"，把申诉的内容发给亚马逊的"Seller Performance"进行评估，"Seller Performance"会根据卖家提供的申诉内容以及这次销售权限被移除的严重程度来决定是否恢复卖家的亚马逊账户卖家权限。

第五步：关注卖家的 Email 和后台"Notification"。亚马逊会把评估的结果发送给卖家。一般来说，亚马逊会在收到申诉内容48小时之内查看、评估、决定，然后把最后的结果发送给卖家。亚马逊的评估是非常细致的，所以卖家一定要在申诉内容上花功夫，即便卖家提供了申诉材料也不能100%保证自己的卖家账户就一定可以恢复销售权限。

卖家申诉的内容的补救行动计划务必要包含两点：让亚马逊知道其已经确定搞清楚了自己在销售或者商品管理中存在某些特定的问题（知道错了，并且知道错在哪里）；说明卖家会怎么样去改进和避免已出现的问题（让亚马逊知道卖家会采取积极的态度并且拿出合适的方案和步骤去改进这些问题，提高用户体验）。

下面我们来举例说明。

①账户表现糟糕导致销售权限被移除。

【案例 2-1】

Notifications 邮件说因为卖家账户的 ODR（order defect rate）值过高导致销售权限被移除。

处理方法：检查卖家账户的客服绩效页面，搞清楚到底是哪个指标不合格。影响 ODR 值的指标有 1～2 星的负反馈、A-to-Z 申请、退单申请，简单来说就是差评和纠纷。纠纷和差评最能反映客户对订单的不满，对于客户反映较多的问题，卖家要在申诉计划中给亚马逊一个合理避免这些问题的步骤（我要如何避免和改进；我的计划是：第一，……，第二，……，第三，……）。当检查账户的时候，要大量检查买家给卖家留的反馈意见，如果评价中有反应卖家对客户发的消息不理睬，那么卖家的补救计划中要提到后期会每天安排时间回应客户的邮件。

【案例2-2】

Notifications邮件说因为卖家账户的发货延迟率过高导致销售权限被移除，卖家的发货延迟率不达标。

处理方法：发货延迟率过高是因为在上传商品时后台的处理时间设置得过短（如果卖家不设置则默认为2个工作日），那么在卖家的补救申诉计划中要体现出卖家要修改处理时间的意图，从而能够在规定的时间在后台确认发货。

【案例2-3】

Notifications邮件说因为账户的订单取消率过高导致销售权限被移除。

处理方法：检查卖家的库存管理和库存的控制流程，如果卖家发现过高的订单取消率是由于长期缺货造成的，那么卖家的申诉补救计划中要提到后期其会对所有的商品库存每天进行监控和统计，以确保其所有上架的商品都有非常理想的库存量，不会导致有单无货的局面。

当卖家评估店铺往期的运营动作时，着重检查以下几点：

设置发货时间：卖家设置的发货时间会不会太短？

和买家沟通：卖家有没有迅速、高效、礼貌地回复买家的问题？

商品库存：卖家经常缺货和取消订单吗？

商品链接：卖家在商品详情页面有准确地描述其商品吗？

如果卖家的卖家账户因为违反亚马逊平台政策被取消了销售权限，可以先检测一下自己的店铺，看其中有没有包含一些平台的禁售商品。

②违反亚马逊平台政策导致销售权限被移除。

【案例2-4】

Notifications邮件说卖家账户销售权限被移除是因为销售亚马逊上的禁售品。

处理方法：立即删除这些禁售品，后期经常检查账户，确保不再上传此类禁售品并且一旦发现立即删除。

③卖仿货、假货导致销售权限被移除。

卖仿货、假货属于严重的平台违规行为，即使是按照要求申诉后账户销售权限恢复的情况也并不乐观，所以在上架商品或者跟卖其他卖家商品的时候，卖家一定要慎重。

④因为关联问题被移除销售权限。

亚马逊运营中最麻烦的事情就是账户被关联，特别是如果当现在的账户被亚马逊告知已经关联到了一个之前死掉（被永久移除销售权限）的账户，那么现在这个账户也会死掉（被永久移除销售权限），关联问题申诉基本无望，被关联基本就可以放弃抵抗了，这种关联比卖仿货卖假货更可怕。

第五节　亚马逊收款账号

对卖家来说，商品售出只是交易的第一步，收到买家的货款才算交易初步完成。在亚马逊上，中国卖家接收亚马逊款项的收款账号通常有美国银行账号、中国香港银行账号、Ping Pong账号（简称PP卡）、Payoneer账号（简称P卡）和WorldFirst账号（简称WF卡）等。以下就上述收款方式的开户、费率、功能和账号安全性等方面做详细讲解。

一、开户方式

1. 美国银行账号

需要本人或找中介公司代理注册美国公司，然后以美国公司的资料在美国本地开立银行账号。整个开户过程通常需要一个月以上，开户费用为1.5万～3万元人民币。

2. 中国香港银行账号

需要以中国香港公司或内地个人身份到中国香港开立银行账号。随着中国资金监管和外汇政策的收紧，当前中国香港各银行已开始严控内地个人在港开户，同时还会对所开账号做出各种账号预留资金方面的要求，整个开户过程通常需要一个月左右，费用为几千元人民币。

3. PingPong 账号

开户简单，直接在 Ping Pong 官网申请即可，个人开户只需要个人身份证，公司开户需提交公司营业执照。Ping Pong 账号开户快，一般需要12天，开户全免费，在账号没有收到款之前，不会产生任何费用。

4. Payoneer 账号

开户简单，可开个人账号和企业账号。Payoneer 账号可以同时开通一张万事达实体卡（可选，实体卡收年费25美元），开户需要2～3天，如果注册账号的同时申请了实体卡，邮寄过来通常需要1～2周，开户过程全免费。

5. WorldFirst 账号

开户简单，持个人身份证以及地址证明即可开通个人账号，公司开户需提交公司营业执照，开户过程一般需要5天左右，开户过程全免费。

二、费率对比

1. 美国银行账号

接收美国站的款项时，无任何费用，但是接收加拿大和欧洲五国等站点的款项时，亚马逊会先将本地货币转换为美元入账，这个过程会有3.5%左右的汇损。

2. 中国香港银行账号

在收款过程中，亚马逊会先将接收货币转换为港币入账，因此接收任何站点的款项都会有2.5%左右的汇损。虽然费用较高，但由于很多内地公司希望做出口退税，因此需要中国香港银行向内地银行汇款转账的流水记录。另外，部分商家有海外生意，会通过中国香港银行账号向海外公司支付货款，也会使用到中国香港银行账号，所以虽然开户不太方便，但还是有部分卖家会选择用中国香港银行账号接收亚马逊平台的款项。

3. 乒乓（PingPong）账号

PingPong 是一家由中国人创办的拥有美国支付牌照的金融解决方案公司，其口号是"全球收款，唯一之选"。PingPong 接收亚马逊款项的费率仅为1%手续费，支持包括美元、日元、欧元等币种的收款。作为一家在中国、美国和欧盟金融机构监管下的新兴金融支付公司，

PingPong 凭借其超低费率、安全稳定、快速高效的亚马逊收款解决方案,打破了境外金融机构对中国跨境收款的垄断。PingPong 经推出就发展迅猛。

4. 派安盈(Payoneer)账号

Payoneer 账号的公开费率是 1.2%,目前 Payoneer 账号支持的收款币种包括美元、欧元和日元等。

5. 万里汇(WorldFirst)账号

WorldFirst 账号的统一费率是 1%,目前支持美元、欧元、英镑和日元等。

三、功能

(1)从亚马逊运营的角度看,美国银行账号和中国香港银行账号功能比较单一,只能添加单一店铺收款,如果同一银行账号添加多个亚马逊店铺,会导致店铺关联。

(2)采用虚拟银行账号的 PingPong、Payoneer、WorldFirst 账号都可以申请多个子账号,可用子账号分别绑定不同的亚马逊店铺。因为各个子账号不重复,不会导致亚马逊账号的关联。因为 PingPong 是中国本地公司,其客服系统响应敏捷、客服水平高,可以根据客户需求和平台要求为用户提供更有针对性的支持和帮助。

四、安全性

1. 银行账号

多数人习惯相信传统银行,认为使用自己的银行账号收款最安全,但美国和中国香港都对个人银行账号监管严格,如果账号长期有大金额入账,银行会认为该银行账号存在风险而审核、冻结或关闭,所以对亚马逊卖家来说,银行账号并非首选。

2. 虚拟银行卡

PingPong 受中国、美国和欧盟金融机构监管,有支付牌照。在国内和中国工商银行、中国农业银行、中国银行、中国建设银行合作;在美国和欧盟合作,接受中国、美国和欧盟的多边监管,相对来说安全性较高。作为一家中国本土公司,其在客户沟通方面便捷,受到大多数亚马逊卖家的青睐。

Payoneer 是源于美国的一家支付金融公司,受美国政府监督,目前在深圳设有办事处。

WorldFirst 是一家起源于英国的支付金融公司,受英国和中国香港政府监督,目前 WorldFirst 的中国用户由 WorldFirst 中国香港公司负责。

除了以上收款工具外,当前还有不少新出的收款公司,甚至某些公司会用超低费率招揽用户。建议卖家选择收款工具时要注意收款方面安全性第一,服务和时效第二,之后才是费率,不要仅仅凭费率盲目选择收款工具。

第六节　亚马逊品牌商标

品牌申请的好处有:①可以增加卖家商品页面的可信度。注册品牌的商品页面让卖家能完全掌握其商品页面的名称、描述、图片以及其他的细节;也可以减少商品页面关键字的配对错误,让卖家的商品页面可以更精准地被搜寻。②注册品牌让卖家可以使用 GCID(global catalog identifier，一串 16 码英数混合的代号)来取代 UPCs 以及 EANs。UPC 生成器重复性非常高，并且经历过使用 UPCs 5 开头无效的事件。相较之下，GCID 是独一无二的。到哪个国家都一样，不像 ASIN，到不同的国家会有不同的数值。

为何要使用 GCID? 目的是防止商品被跟卖。亚马逊官方的品牌申请说明可参考链接"https://sellercentral. amazon. com/gp/help/200955930"。品牌注册常见问答可参考链接"https://sellercentral. amazon. com/gp/help/200968650"。品牌注册申请页面可参考链接"https://sellercentral. amazon. com/gp/catalog-brand-application/brand-application-wizard.html"。

注:很重要的一点，卖家要先有品牌网站，商品要刊登的时候，有些栏位会变成必填栏位，这样才能产生每一个商品页面必要的 GCID。

如果一开始使用 UPC 建立商品页面，之后申请品牌不需要删除商品页面重新上传，卖家可以先至后台下载"inventory report"将其要修改的品牌贴到"Add Via upload ＞ Category-specific inventory files"空白的模板上，再将"key attribute"(如卖家是卖衣服，就可以填"style number 123－XYZ")填入并以批量上传的方式上传，大概一天后 GCID 出现就表示申请品牌成功了。

再次强调，GCID 是独一无二的，到哪个国家都一样，不像 ASIN，到不同的国家会有不同的数值。亚马逊是用这个 GCID 值来检查商品能不能被卖家跟卖。

当卖家有品牌商品被其他卖家跟卖了，有两个做法:①可以尝试着与跟卖的卖家联系，请他们移除跟卖的商品页面，给他们提供一个改过自新的机会。②可以直接向亚马逊卖家支持提出检举，亚马逊会警告跟卖商品的卖家，甚至移除他们的销售权限。

拓展阅读

GCID 查询方法

GCID 是自动被创造并且分配到卖家的每个商品的，并不会出现在商品页面或是库存管理页面。要检视 GCID，卖家可以下载 Inventory Report 库存报表。在库存报表中检视商品的GCID:①在卖家后台，库存选单，选择"Inventory Report"。②在 Inventory Report 页面，在报表类型下拉选单中，选择"Active Listings Report"。③报表产生后，使用试算表的格式开启档案，例如 Microsoft Excel。④在报表中，请找到 column W (product-id)，如果卖家的商品有分配到 GCID，卖家会看到一组由数字和字母组成的 16 位字元，没有任何空白或破折号，例如GCID:5C5D36E689E591FF。

国际、境外商标查询网站汇总

美国:http://www. uspto. gov/;英国:http://www. ipo. gov. uk/, http://www. ipo. gov. uk/types/tm/t-os/t-find/tmtext. htm;德国:http://www. dpma. de/, https://register. dpma. de/DPMAregister/marke/einsteiger;欧盟:http://oami. europa. eu/;日本:http://www. jpo. go. jp/, https://www. j-platpat. inpit. go. jp/cgi-bin/ET/TM_AREA_E. cgi?1445049413402#;中国香港:http://www. ipd. gov. hk/sc/home. htm;澳大利亚:http://www. ipaustralia. gov. au;马德里:http://www. wipo. int/romarin;加拿大:http://www. ic. gc. ca/eic/site/cipointernet-internetopic. nsf/eng/h_wr00002. html。

课后习题

1. 列举亚马逊两种不同的账号类型和特点。

2. 介绍亚马逊北美站开店所需要准备的资料及注意事项。

3. 列举亚马逊北美洲通过招商经理注册的注册步骤和所需时间。

4. 亚马逊北美/欧洲/日本的月租收费标准分别是怎样的？

5. 解释亚马逊关联的定义和关联造成的后果。

6. 介绍亚马逊防关联的基本思路。

7. 亚马逊销售权限被移除的原因有哪些？

8. 简述亚马逊品牌申请的好处。

9. 简述亚马逊 GCID 的特点。

10. 在电脑上操作进入美国商标局网站，查询一个跨境电商品牌商标或者中国知名跨国企业商标。

第三章 亚马逊界面详解

本章要点

- 亚马逊前台页面
- 后台基本介绍
- 后台重点功能解读
- 后台基本设置

第一节 亚马逊前台页面

一、导航条

导航条为各类目的导航，通过它可以直接点击到顾客想要购买的具体类别的商品。

通过导航条可以返回主页，进行 Prime 会员的试用以及购买（Prime 会员能够享受亚马逊免费送货以及观看一系列的电视、电影节目等）。

通过地址选项，根据买家的收货地址选择不同的邮编，系统会给买家重新加载页面，推送出买家当前地址最适合的货品。

二、搜索框

搜索框是亚马逊最大的流量入口，90％的顾客登录到亚马逊后会通过搜索购物。搜索框可以让顾客自己选择是在所有分类下进行关键词搜索，还是通过不同的分类进行搜索。

三、顶部选项栏

顶部选项栏包括的主要条目如下。

Today's Deals：此板块为今日特价板块，顾客可以查看亚马逊当前站点的所有限时打折活动的商品，选购打折商品，享受限时优惠。

Best Sellers：此板块为畅销榜板块，可以查看亚马逊每个类目最畅销的商品，以及其他类型的排行榜，包括新品榜、飙升榜等。

Find a Gift：此板块是为顾客挑选礼物而设置的，顾客会点击来挑选礼物。亚马逊会根据相应的地区和节日来推荐平台上的商品，并且还会推荐顾客使用亚马逊的收费礼品包装服务。

XXX's Amazon.com：这个版块是顾客的个人中心，个人的浏览记录、个人推荐等都会在这个选项里。

Your Pickup Location：根据在首页填写的收货地址，亚马逊会给顾客推荐他所在地区附近的 Pickup 提货点,顾客可以到就近的亚马逊提货柜内免费提取自己购买的物品,而免去了等待配送员上门的时间。

Coupon:这个版块是优惠券版块,顾客可以到这个板块浏览各种各样在亚马逊上售卖商品的优惠券,直接领券就可以进行购买,可以根据优惠券的受欢迎程度、时长、折扣大小进行筛选。正常领券的人有 50% 的最终购买率,这个页面也是许多亚马逊买家喜欢逛的一个页面,与 Today's Deals 一样是首页一个相当大的流量入口。

New Releases:这个版块是亚马逊的新品版块,亚马逊会持续性地在这个版块推荐全站点不同类目新上架的商品或者上架不久表现很突出的商品,为热爱新潮的顾客提供第一手的新品速递。

Prime Video:这个版块是亚马逊 Prime 会员的在线影视版块,亚马逊为购买了 Prime 会员的顾客提供独家制作的影视作品以供顾客在线观看。

Help:这个版块是亚马逊买家的帮助中心,在此版块顾客可以查询任何关于网站和购买的咨询信息。

Browsing History:这个版块是亚马逊买家的浏览记录,买家可以进入这个版块查看自己过去三个月内浏览过的商品。根据买家的浏览记录,亚马逊会在这个版块为用户推荐与浏览的商品相似的品牌或商品。

Registry:买家的分类注册中心,买家可以根据自己的购物偏好来进行分类注册。目前亚马逊开放了婚礼买家和家长买家两个注册通道,婚礼买家可以在亚马逊上录入自己的婚礼日期和地区,然后亚马逊会为新人专门生成一个页面,新人为婚礼所购买的东西都会记录在这个页面里。家长买家则是为家中的宝宝所专设,家长可以设置小孩的出生日期和名字,亚马逊会送给买家一个免费的礼物,享受长达一年的免费退货政策;另外,亚马逊还会根据小孩成长,给家长推荐不同时期的婴幼儿商品。

Buy Again:这是亚马逊的复购版块,在这个版块买家可以看到自己之前购买的订单以及取消的订单,亚马逊鼓励买家进行再次购买。

Gift Cards:这是亚马逊的礼品卡页面,亚马逊为买家准备了多种多样、样式丰富的礼品卡,不论是实体的还是电子的,买家都可以通过礼品卡,将祝福心意传递给自己的家人和朋友。

四、首页横幅(Banner)广告

Banner 广告置于亚马逊首页最显眼的位置。通常亚马逊会放置自家的智能家居商品、节日活动预告以及新制作的影视作品来进行首页推广滚动播放。

五、首页右上角功能板块

首页右上角的功能版块包括语言选择、账号中心、退货和订单中心、购物车以及亚马逊在近一段时间主推的节日活动,通过该板块可以看到亚马逊正在主推的活动,亚马逊号召买家到活动的页面进行购物。

六、首页其他内容

首页其他内容会根据亚马逊不同时期顾客受众的不同来进行个性化推荐,一般会有顾客感兴趣的版块,如打折信息以及亚马逊的推荐商品等。

第二节 亚马逊后台基本介绍

一、卖家中心

亚马逊卖家中心的页面包含了卖家日常运营中需要操作的各部分内容。主页业绩通知里有亚马逊针对卖家账号状态的重要邮件，如节假日亚马逊官方推出的政策、侵权邮件通知、账户指标出现隐患、账户移除销售权限等。

二、用户订单

针对自发货商品，展示最近一天和最近 7 天的订单量，以及现在没有发货的订单数量和客户要求退货的订单量。

Pending：处于此状态下的订单卖家什么操作都无须进行，如果订单 Pending 成功会自动进入 Unshipped 状态。

Fulfilled By Amazon：展示最近 1 天和最近 7 天的 FBA 发货的订单量。

注：Pending 状态下的订单要等它转入到 Unshipped 状态才能进行发货操作，发货操作尽量在卖家后台上传商品时设置的处理时间的时间段内，超出了就是发货延迟，如果超出了 30 天不对一个订单发货，那即便是卖家 30 天后最终发货了，亚马逊也不会把这笔订单的钱给卖家。

不要对 Pending 状态下的订单发货，即便是买家主动联系卖家，卖家也不要发货。

当一个订单为 Pending 状态的时候，订单在管理订单页面是呈灰色的。卖家不能对 Pending 状态的订单进行确认发货或者取消订单的操作。Pending 状态的订单不会显示在卖家的订单报表和卖家的未发货订单报表中。

订单状态为 Pending 的主要原因有：①亚马逊暂时还没能获取到买家银行卡开卡行的这笔订单金额支付的授权，这一点上，可能不同的银行处理时效稍有不同。②对于某些 FBA 订单，客户已经满足了 35 美金包邮的条件，但由于这些多个订单分别是在不同的卖家店铺购买的，所以这时候的 Pending 状态有可能是亚马逊在等待客户把所有将要购买的商品全部集齐的一个等待过程。③针对 FBA 订单，客户在一个订单中购买了多件商品，如果其中一个或两个商品缺货，那么即使是亚马逊选择分开派送这个有库存和没库存的商品，这个订单的状态也还是 Pending，不过这种情况发生的概率非常小。

三、店铺表现

买家消息、信用卡拒付等纠纷会在这里体现。买家消息需要在 24 小时之内回复。如果账号遇到绩效问题，也会在这里出现红色警告符，必须引起重视。

四、导航栏

鼠标放置导航栏的任一主题上，都会出来对应的下拉菜单，包括库存查看、发布新品、各种定价、订单管理、促销活动、品牌申请、数据报告、绩效通知及其他服务。运营过程中需要查看的各种数据都能通过导航栏对应的子类目找到。

五、销售指导

Inventory：这个版块在卖家的商品缺货或库存较低时提出警告。

Pricing：这个版块显示那些如果卖家能降价可能会吸引更多买家的商品。

Growth：销售机会建议可以在亚马逊上销售的商品。这些个性化建议基于买家兴趣、竞争报价数量、卖家的当前库存以及其他因素。

Advertising：商品推广可以帮助卖家在搜索结果以及商品详情页面上推广其商品，从而提高销量。

Fulfillment：亚马逊物流商机显示那些如果卖家能提供其他配送选项可能会吸引买家并带来更多销量的商品。

六、搜索框

在搜索框里可以输入客户想了解的关键词，查询亚马逊的官方规则和答案。

Messages：卖家和客户的邮件来往记录。

Help：和搜索框的功能差不多，亚马逊就常见问题做了集合，卖家可以在这里找到针对某一问题的答案或平台给出的参考内容。

Setting：亚马逊后台设置按钮。

七、支付金额

例如 Mar 1，2021 是上一个转款周期的转款日，后面的金额是指上个转款周期的金额。

Balance：本转款周期第一天到此时此刻累积的金额（亚马逊转款周期是 14 天）。

八、邮件管理

此项是为卖家联系亚马逊客服的邮件往来而设置的。

九、销售额

最近 7 天/15 天/30 天的商品销售额（不包含运费）和商品销售量。

第三节 后台重点功能解读

亚马逊后台卖家管理中心如图 3-1 所示。

广告活动管理：包含广告计划的创建、广告数据报表的查看和下载、运行中的广告优化等相关事项。

图文描述（A＋页面）：拥有（授权拥有）商标的卖家，在亚马逊平台上做了商标备案（GCD）之后，可以为自己商品创建的品牌展示页面。通过商品详情页面中的图文描述展示，消费者可以更清晰地了解卖家的商品细节，有利于提升转化率。

早期评论人计划：亚马逊推出的官方渠道向用户索要商品评论的项目，卖家需要支付一定的费用，亚马逊系统会以自动筛选的方式邀请符合条件的已购买家写商品评论。

Vine：亚马逊为 Vine 成员提供免费的商品，这些商品由参与项目的卖家提供，Vine 评论

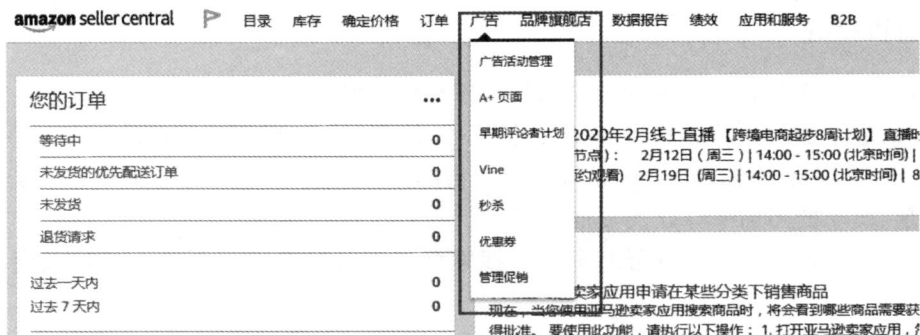

图 3-1　后台管理中心页面

由 Vine Vioces 独立提出，卖家不能影响、修改或编辑。只要符合发布政策，亚马逊也不会修改或编辑 Vine 评论。Vine Voices 的评论相对普通的评论权重会更高，并且每条评论都有一个绿色文字"Vine Customer Review of Free Product"标记。Vine 成员都是具有公信力、专业的评论者，所以这样的评论可信度更高、更有说服力，对于商品转化率更有帮助。

秒杀：是平台推出的一种限时打折优惠的销售促销活动，亚马逊为秒杀活动专门开辟的秒杀页面是众多消费者，尤其是 Prime 会员最喜欢浏览的页面之一。对于卖家来说，秒杀可以提升曝光量，快速累积销量和评论，无论是爆款打造还是清库存，都是非常不错的工具。秒杀活动的持续时间一般为 4～12 小时，是一种付费参加的项目。就美国站来说，每次秒杀的费用是 150 美元，除了需要付费之外，亚马逊还为秒杀设置了基本的资格：卖家必须是专业卖家，每月至少有 5 个卖家反馈评级，且整体评分至少为 3.5 星。此外，商品还必须满足以下条件：①在亚马逊商城拥有销售历史记录且评分至少为 3 星；②包含尽可能多的变体；③不是受限商品或具有攻击性、令人尴尬或不适宜的商品；④所有地区均符合亚马逊 Prime 会员的要求；⑤新品状况；⑥符合买家商品评论政策；⑦符合定价政策；⑧符合促销频率政策。

注意：如果卖家的商品已获得促销批准，后来违反了上述标准，也会立刻被取消秒杀资格，并且卖家可能没有资格要求退还促销费用。

卖家可以在卖家中心的秒杀页面查看是否有符合参加秒杀条件的商品，如果有，即可报名，报名通过审核，即可参加。但并不是每个符合秒杀条件的商品都能够为卖家带来丰厚的回报，卖家在申报参加秒杀活动前，一定要做好评估。一般而言，受众广、符合当季需求的商品，更易在秒杀中取得较好的销售业绩。因为秒杀是分时段进行的，卖家在报上秒杀后，一定要留意报中的秒杀时段，如果时段是非销售高峰时段，建议卖家在活动开始前取消，以免转化太差，得不偿失。

优惠券：优惠券设置同样是亚马逊新近推出的新功能，对于设置优惠券的卖家，亚马逊要求店铺评分必须在 3.5 分以上才能开启此功能，对于设置优惠券的店铺，买家每使用一次优惠券成功付款，亚马逊会扣除卖家除了正常佣金和 FBA 费用之外 0.6 美元的优惠券费用。设置了优惠券的商品页面，其前台展示时会有优惠券标志提醒，更吸引消费者的关注。优惠券设置是当前运营中效果不错的工具。

在优惠券的设置中，亚马逊提供了两种设置方式：金额优惠和百分比优惠。在设置过程中，建议针对低价商品，设置为百分比优惠，而针对高价商品，采用直接的金额优惠方式会更吸引人。

促销管理：亚马逊为卖家提供的可以自行设置的店铺内活动方式。当前亚马逊上促销方式包括 Free Shipping(包邮)、Percentage off(购买折扣)、Buy One Get One(买一送一)。如果你是品牌备案的卖家，还可以享有亚马逊联盟营销。可以设置高折扣，对于保本清库存或者新品放量有很好的效果。当然，以"购买折扣"的方式设置促销，可以最大化促销效果，为店铺带来更多的销量，还可以让参与促销的商品彼此之间产生关联，为店铺导入更多的关联流量。

亚马逊数据报表中主要包括 Payments(付款报表)、Amazon Selling Coach(亚马逊销售指导)、Business Reports(交易报表)、Advertising Reports(广告报表)和 Return Reports(退货报表)等内容，卖家可以通过以上报表做相应的监测和评估，进而有针对性地优化运营。

亚马逊 Reports(数据报表)如图 3-2 所示。

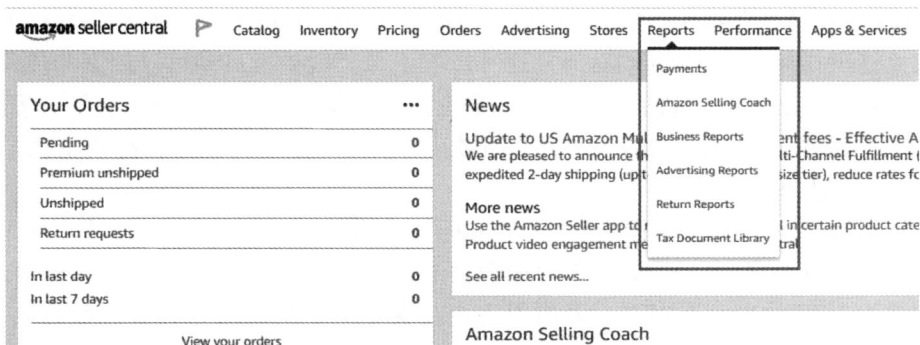

图 3-2　数据报表

在付款报表中，我们可以直接看到运营期间的收款、退款和费用等明细，相对日常不固定的订单数量，付款报表可以为卖家提供清晰的统计报告，让运营中的账目清晰明了。

在交易报表中，亚马逊为卖家提供了用于销售情况检测与对比的 Sales Dashboard(销售曲线图)和按时间或按 ASIN 的流量相关数据。通过这些数据，卖家可以在纵向的时间维度和横向的商品维度里知道自己店铺的销售金额、订单数量、平均单价、访客数等信息。

在广告报表中，卖家可以按时间查看指定时间段内广告的点击量和花费情况；可以按 SKU 查看每个 SKU 的广告展示和点击数据；也可以分别查看每个关键词的展示量、点击量、花费费用、销售成本比等。同时，卖家还可以知道消费者通过输入哪个关键词匹配到自己设定的那个关键词而产生的点击和购买，通过这个报表，卖家可以获得大量的关键词。然后，对这些关键词进行筛选，放到自己的广告计划和商品页面中，可以对商品页面和广告的优化起到很大的帮助作用。

在广告报表中，首页预测竞价报告还可以为卖家提供预测广告关键词展示在搜索结果第一页时需要出的预测竞价，卖家可以通过预测竞价和自己当前的出价做对比，做出广告出价调整；其他 ASIN 报表可以让卖家知道买家的进入路径；广告计划业绩表为卖家提供了查看过去 60 天内的广告活动所产生的业绩记录，比如曝光量、点击量、广告费用等信息。在退货报表中，可以按照时间段查看自己该期间段的退货情况，筛选和淘汰退货率过高的商品。

账号绩效表现指标有以下几种。

Order Defect Rate，简称 ODR 指标，即为"订单缺陷率"，这个指标的计算方法是，在一段时间内所有涉及 1-2 星差评和 Claim 纠纷(包括 A-Z 和 Chargeback)的订单除以这段时间内总订单数得出这个百分比。ODR 是反映卖家能否提供一个良好的买家购物体验的非常重要的一个指标,这个指标千万不要超过 1%,如果超过了 1%对账户安全是很不利的,严重时亚马逊甚至会审核卖家的店铺或者移除卖家的销售权限。

Late Shipment Rate,即发货延迟率,就是在一段时间内发货延迟的订单除以总订单数量得出的百分比,这个百分比亚马逊规定最好控制在 4%以下,发货是否延迟是取决于我们在后台上传商品时在 Offer 栏里的 Handing Time 选项里填写的天数(如果不填,系统默认为 2 天)。注意这里的"天数"指的是 Business Day(工作日),而不是 Calendar Day(自然日),也就是说周六、周天不计算在内。最直观和精确地判定某个订单要在哪天前发货的方法就是进入某个特定订单的详情页面查看预期发货日期。

Policy Violations,即政策的违反,这个是在亚马逊平台销售最需要注意的地方。一般来讲,如果卖家在亚马逊存在卖仿货、假货等一系列侵权的行为而被买家或者竞争对手投诉,如果投诉成立这项指标就会受到影响,而且这种影响不像其他指标后期可以控制和优化,这个指标是累计的,很难撤销的,达到了一定量亚马逊会直接移除卖家店铺的销售权限。运气不好的违反一次账户就被注销,运气再好也撑不过几次,亚马逊平台对知识产权特别重视,所以卖家千万不要在这点上犯错误。

On-Time Delivery,即及时投递率,这个指标其实有两个组成部分,一个是特定时间段内及时投递完成的订单率,另一个是这个时间段内有跟踪号的订单百分率。亚马逊对这两块的要求分别是大于 97%和大于 98%。及时投递率其实是基于我们在亚马逊后台的运费设置里设置的默认订单到达时间,从卖家确认发货到订单信息签收成功,必须保持在运费设置的那个时间段之内,否则就是投递时间超时,从而影响及时投递率这个指标。

Contact Responce Time,即卖家回复买家邮件的反应时间,要求卖家在 24 小时之内回复或者反应买家发到站内的消息。注意,这里的 24 小时之内将过年、过节、周六、周日包括在内。其实这个指标应该是所有六个指标中最不重要的,在工作日及时回复就好,实在在 24 小时回复不了也可以通过登录亚马逊的注册邮箱进行回复(不需要登录亚马逊后台),然后这个指标只要控制在 90%以上的及时回复率也就可以了。

Customer Feedback,即最近 12 个月客户评价(1-5)的平均值和总评价数量。符合以下条件的差评可以向亚马逊申请移除:①评价中包含淫秽和猥亵的词语。②评价中包含了卖家私人信息,如邮箱、电话号码、全名(不是全名也有可能申诉成功)。③全部的反馈评价只针对商品,没有提到卖家的服务,如"这把户外小刀不是很锋利"(这种情况下有些可以申诉成功,有些也还是不能移除),但如果评价到了卖家的服务就不可能移除,如"派送太慢了,而且收到货的时候发现小刀不是很锋利"。④FBA 引起的物流问题亚马逊不会帮卖家将差评移除,但是会帮卖家将差评划掉,然后写一行字,为"This item was fulfilled by Amazon, and we take responsibility for this fulfillment experience"。⑤有些顾客在评价的时候在"arrive on time"、"item as described""customer service"这三项中都写的"Yes",评价是正面的,但是都留一个差评,像这种也可以发给亚马逊要求移除。⑥还有一种情况就是,顾客威胁卖家说不怎么样就给差评,卖家可以将这样的话截图直接交给亚马逊处理,同时如果卖家向客户提供一些好处让客户消除好评,这种做法被亚马逊查到了是会对账户有影响的,情节严重的话会导致账户被移除销售权限。⑦建议买家留差评后卖家积极主动地和买家沟通,争取和买家达成一致协议,让他把差评移除(留差评后 60 天内买家可以移除该差评)。卖家向亚马逊申请移除差评成功以后,亚马逊会邮件通知买家、卖家双方,而买家有权利再一次留评。为了避免激怒客户,建议过几天再去申请差评移除。⑧买家不知道如何移除差评可以进入网站"http://bbs.ichuanglan. com/thread - 1266 - 1 - 1. html"进行操作。⑨咨询关于移除差评的入口和操作步骤的网址为 "http://bbs. ichuanglan. com/thread - 3898 - 1 - 1. html"。⑩Claims：包含两种 A-to-Z 和 Chargeback，是指亚马逊平台的纠纷处理。⑪Buyer Messages：要求卖家 24 小时之内回复，无论节假日。

第四节 后台基本设置

一、账号基本信息设置

1. 卖家信息设置

通过卖家信息设置，可以为卖家的店铺设置店铺链接，方便记录，如图 3 - 3 所示。

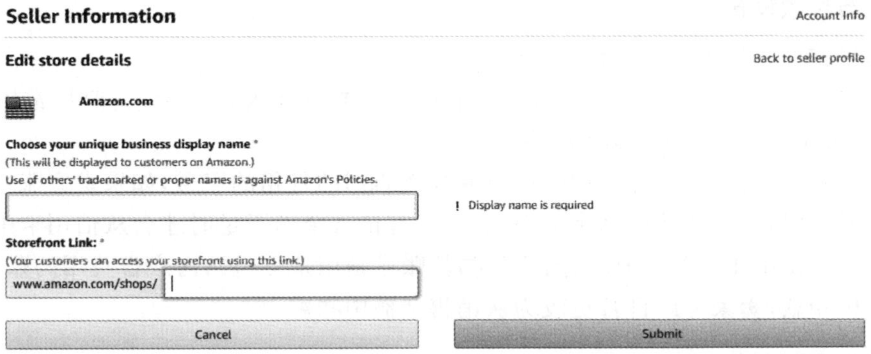

图 3 - 3 卖家信息设置

2. 店铺休假设置

店铺休假设置界面如图 3 - 4 所示。Active 为在售状态，Inactive 为不可售状态。卖家可以在节假日的时候将店铺设置为休假状态，避免因无人处理订单而影响店铺绩效。但休假模式主要针对国内自发的卖家来说用处比较大。如果选择 FBA 的卖家可以谨慎使用。

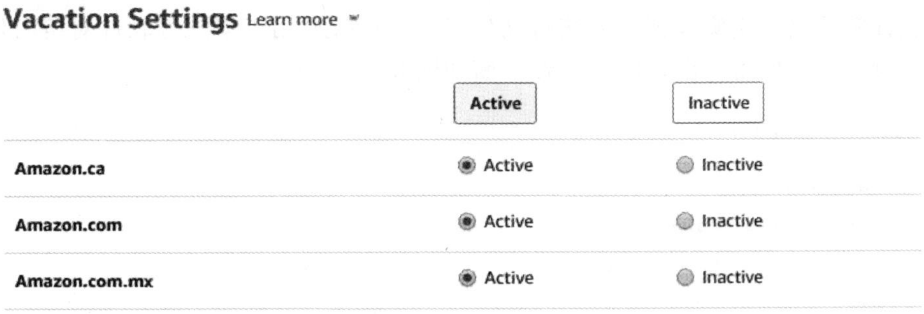

图 3 - 4 店铺休假设置

3. 销售计划设置

销售计划设置如图3-5所示。选择"Downgrade"将店铺降级为个人卖家，实现个人卖家（Individual）和专业卖家（Professional）的切换。

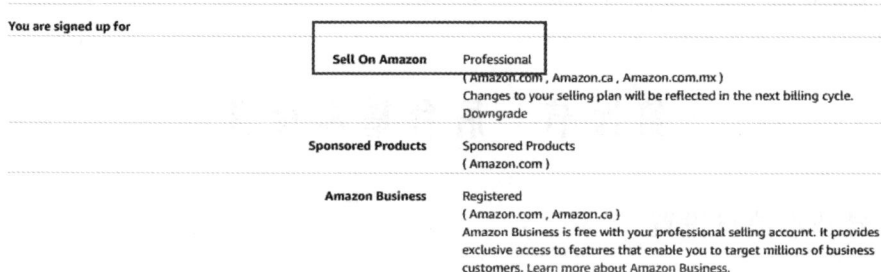

图 3-5　销售计划设置

4. 收款与付款设置

收款与付款设置如图3-6所示。

Deposit Methods：收款账号是用来添加接收款项的海外银行账号，当前最常用的收款账号有 PingPong、Payoneer、WorldFirst 等。

Charge Methods：信用卡号是用来扣付亚马逊店铺的月租的账号，如果卖家账号中有销售余额，那么店铺月租会自动从店铺余额中扣取，只有销售余额不足时才会从信用卡中扣取。

Charge Methods for Advertising：广告扣款账号是用来支付站内广告费用的账号，系统默认从信用卡中扣款，卖家可以自行更改为从销售余额中扣款。

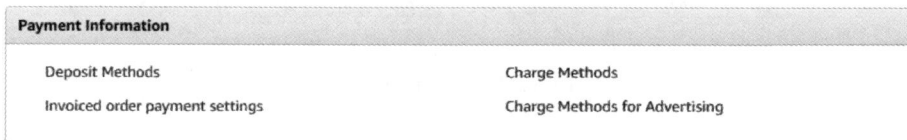

图 3-6　收款、付款设置

5. 商业信息设置

商业信息设置包括公司地址的添加和修改、法人信息（不可以直接修改）、办公注册地址信息、卖家凭证等。其中卖家凭证由系统自动生成，不可修改，用于第三方软件对接时使用，尤其对接 ERP 时应注意保密。商业信息设置页面如图3-7所示。

图 3-7　商业信息设置

6. 发货与退货设置

发货与退货设置包括退货地址、发货运费模板的设置和修改、日常运营中退货和FBA撤仓接收、发货范围和不同地区、不同阶段的运费标准等的设置,如图3-8所示。

Shipping and Returns Information

Return Address	Shipping Settings
International Returns Providers	Buy Shipping Preferences

图3-8　发货与退货设置

二、物流设置

在发货及运费设置中,卖家可以设置包括发货地、发货运费模板等内容,可以根据发货范围和不同的收件地区、不同阶段的订货数量等设置不同的运费标准,也可以新增运费不同的运费模板。由不同的发货地区选择不同的运费模板。

三、子账号设置

子账号设置允许卖家添加多个子账号并分别设置不同的操作权限,从而实现不同操作人员负责不同职能,或者不同办公地点的多名人员同时分别处理各自所负责事项的功能。

课后习题

1. 亚马逊前台页面最大的流量入口来自哪里?

2. 亚马逊卖家中心主页左上角的小旗帜体现账号发生了什么事件?

3. 简述亚马逊后台图文描述板块的定义和作用。

4. 亚马逊秒杀板块的基本要求是什么?

5. 亚马逊优惠券的设置方式有哪两种?

6. 简述亚马逊ODR指标的定义。

7. 亚马逊的买家信息要求卖家多长时间内进行回复?

8. 店铺休假模式主要是FBA卖家使用还是自发货卖家使用?

第四章 商品开发

本章要点

- 商品开发思路
- 选品关键点
- 高阶选品思路

第一节 商品开发思路

亚马逊是个重商品、轻店铺的平台,该选什么样的商品销售是卖家时常谈论的话题,如果选的商品没有市场,做再多的努力也不会有什么收获。商品开发主要包括商品的开发思路、商品的市场容量和趋势、商品调研三部分内容。在本节中,我们将讲述如何进行样品评估、解决选品货源、商品优化或开发的内容。需要说明的是,这里只针对没有工厂,需要开发商品的新卖家。

一、商品开发基本思路

1. 从需求出发,跟着市场走

亚马逊是重商品的平台,有些卖家就会以为,既然强调商品,就选自己熟悉的、有资源的商品。不熟不做是有道理的,卖家更加需要考虑自己手上的商品是否有足够大的市场空间,如果有,那就最好不过了。如果没有市场却还去开发的话,就会浪费时间与资源。此外,卖家要关注的并非是国内市场,而是国外市场。有些商品在国内不畅销,但可能会在国外卖得非常好。假如卖家想做亚马逊美国站,就应该去了解一下美国人民需要什么样的商品。

2. 以盈利为目标

亚马逊平台上不缺好商品,同时也挤满了中国卖家,不少卖家还对品牌进行保护,怎么看都是红海(已知的市场空间)一片。有些人直接放弃,将目光瞄向蓝海(未知的市场空间)。其实,红海里也有商机。一个行业或一个类目之所以变成红海,是因为它的规模与市场需求足够大,卖家如果能在商品上做出细节上的差异化,肯定会有盈利的机会。蓝海行业竞争相对较小,但搜索量也比红海少很多,如果进入蓝海,卖家需要进行更多的摸索,承担更多的开发工作,蓝海也不会永远存在。选择红海还是蓝海,关键在于商品是否有盈利空间。

3. 专注于某一个类目

如果卖家已经有了开店的准备,下一步就会考虑要卖什么商品。新卖家开店初期,资金、人力各个方面的资源都是有限的,不可能刚起步就上架海量的商品,卖家入行时需要先专注于某一个类目。如果不知道市场如何,可以在亚马逊平台上浏览细分类目的销售情况,包括对运营状况较好的店铺和卖得比较好的商品做市场调研。

二、摸清商品的市场容量和趋势

商品开发的思路明确后,接下来卖家就要去了解亚马逊这个平台在热卖什么商品,并对商品进行周期性(周、月、季)的分析,分析后再确定是否可以开发。而这种观察、分析市场的活动,起码要一周的时间。卖家可以通过以下几种方式了解商品的市场容量和趋势。

1. 直接用关键词搜索

直接在亚马逊前端搜索框中输入关键词,搜索后会有这类商品的总数量和商品显示,总数量越大,证明这类商品的市场竞争越激烈。用关键词搜索如图4-1所示。

图4-1　用关键词搜索

2. 查看排行榜

在亚马逊前台直接点击"Best Sellers",进入"Best Seller"页面,如图4-2所示。

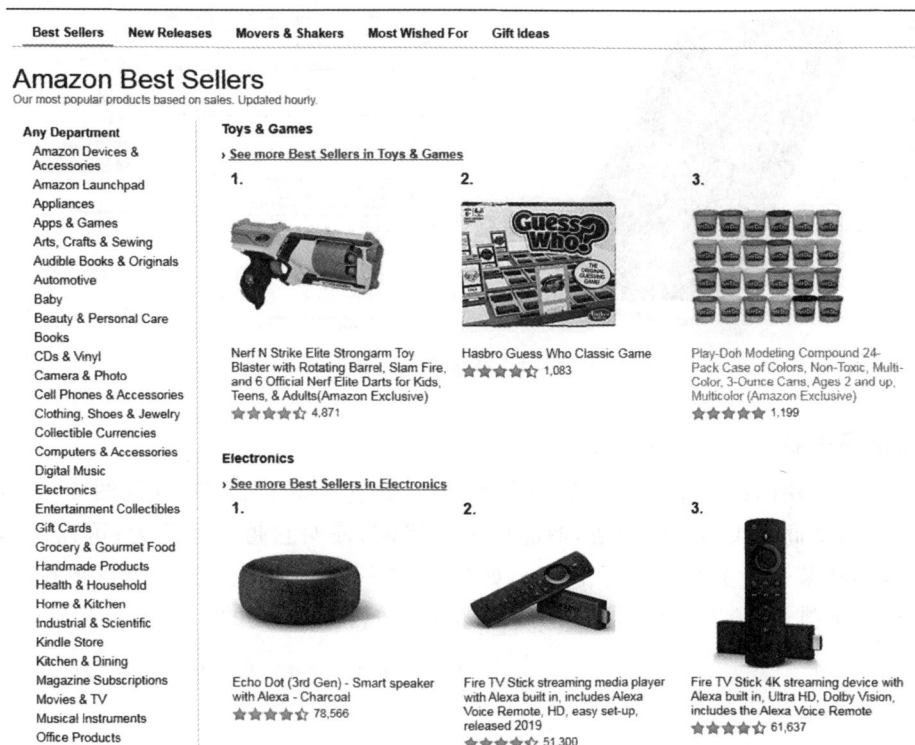

图4-2　查看排行榜

通过以下排行榜,卖家可以知道商品的诸多信息。

(1)Best Sellers（卖得最好的）:卖家可以知道具体类目中,卖得最好的商品有哪些。

(2)New Releases(热门新品):卖家可以知道现在最新、最热的商品有哪些。在分析时结合季节、节日、推广等因素，可以对热卖品以及趋势有一个判断。

（3）Movers & Shakers（飙升榜）：可以知道短时间内哪些商品的销量出现了快速增长。

（4）Most Wished for（愿望清单）：知道大家都想要买什么。

（5）Gift Ideas（礼品榜）：可以知道大家通常选择哪些商品来送礼。

三、商品调研

了解商品的市场容量和趋势之后，接下来需要对商品的价格、排名、评论、库存、商标、图片、名称、描述、包装、链接、ASIN 码等信息进行全面调研，全面了解某个商品，看看它是否符合卖家的选品要求。其中，有几个要点是需要重点分析的。

1. 分析商品的价格

分析商品的价格包括抢到黄金购物车的商品的价格（见图 4-3）。价格直接关系到成本，只有商品单价符合卖家的店铺定位，才值得卖家花时间去进一步深入研究商品。另外，一些大件的商品可能很畅销，比如沙发，但它的体积大，相关成本如物流费用也会很高，一般的卖家是无法承担的，那就可以直接放弃。如果商品的市场价格过低，可能没有利润，这些商品也不需要深入研究。

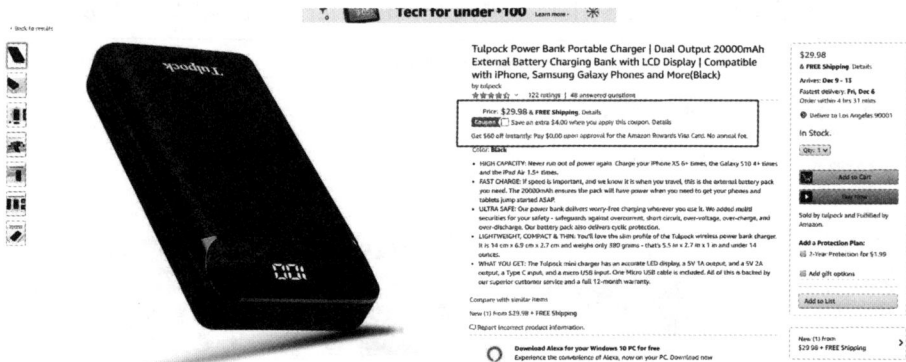

图 4-3 分析商品价格

2. 分析商品排名

商品排名是反映商品销量的最有效的参考指标，通过分析商品排名（见图 4-4）：卖家可以知道商品在某个商品类目中的位置，商品排名越靠前，证明它越有竞争力；可以评估整体市场容量；可以判断某一个类目的竞争程度。如果能把一个商品做到在大类目下排名是前 10 名，在底层类目下排名是前 100 名，那么卖家的获利空间就是较大的。

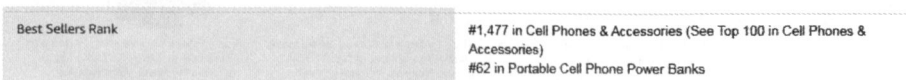

图 4-4 分析商品排名

3. 分析商品的评论

评论的增长速度和内容有很大的参考价值（见图 4-5）。当某个商品处在销售旺季或者流行时段时，它的销量会增加，评论数量增长速度也会加快，通过分析竞品的评论内容，也有利于卖家发掘商品本身的品质状况、设计缺陷,从而了解客户深层次的诉求,在研发阶段对商品加以改进。但如果商品评论星级普遍低于 4 星,说明这个商品缺陷很多,就不用考虑作为选择的对象了。

图 4 - 5　分析商品的评论

另外,可以结合商品排名和评论分析商品,如果两个数据一起增长,表示商品销量在增长,是个综合实力不错的热卖品。如果评论数量在上升,但商品排名却在下跌,有可能存在刷单情况,如果遇到这样的情况,对这个商品自然应保持观望的态度。

4. 分析竞争对手的库存来推测销量

亚马逊尊重卖家的隐私,是不会在网页前端公开某个商品的销量的。商品的销量与排名有很大的关系。新卖家想要了解某个商品的市场销量如何,可以将商品添加到购物车来推测出竞争对手的库存,从而评估这个商品的整体市场容量。

另外,如果一个商品在一段时间内销量比较高,但是评论比较少,这种商品是值得关注的,因为它可能是一款很有潜力的还没有上升为"爆款"的商品。

5. 分析商品是否有注册品牌,可否跟卖

卖家需要注意商品是否为品牌商品,有无注册商标。如果有品牌保护,而卖家想要代理销售的话,可以跟在售的卖家进行沟通,看是否能拿到代理权或授权书。如果对方不肯授权的话,新卖家不一定非要选同款商品,可以找相似款商品。这里所说的"找相似款",并非是让新卖家去找仿货,而是建议新卖家去开发外观不同、功能一样或相类似的商品或升级商品。

6. 注意商品是否需要认证

一些类目是比较特别的,如某些母婴类用品,需要做强制性商品认证,如果卖家没有做认证的条件,也不做选品考虑。

通过分析竞争对手的商品的各种数据,卖家可以判断哪些商品刚上市,哪些商品处在成长期,哪些商品处于成熟期,哪些商品处于衰退期。如果发现某一个商品在某一个细分类目下有很多卖家,而且几乎被垄断,不适合开发,可以绕开它,去研究别的商品市场。如果卖家能对市场有很好的把握,对样品评估、采购、改进等后续开发环节将会有很大的帮助。有一些卖家认为通过人工进行商品数据分析效率不高,那么可以用数据分析工具进行分析,如 Google trends 等。

第 二 节　选 品 关 键 点

一、对样品进行评估,确定选品并解决货源

1. 进行样品分析

对目标商品的价格、排名、评论、销量、商标等信息进行了解后,卖家可以对商品进行下一步的评估了,必要时还需要购买样品进行测试。比如,卖家看中了一个电路板,可以购买双面

板与多层板的电路板,分别进行检测,看看两层的跟多层的构成零件有哪些差异,哪个商品的质量比较好。

2.核算成本与利润,确定选品

一个商品经历了海选、调研、样品测试的历程之后,卖家就应该核算它的成本和毛利情况,这是非常关键的一步。

商品的成本包括采购商品的成本、平台佣金、物流运费等方面的费用。单个商品毛利与售价、采购成本、运费、平台佣金费用、其他费用等有关。其他费用包括推广费用、仓储费用、运营成本等。综合计算后,如果这款商品还有不小的盈利空间,那么这个商品就是可以开发的。

3.解决货源

一旦确定一个商品是可以盈利的,卖家就可以放心地寻找货源了。找货源的方式有很多种,比如卖家可以找到厂家或者品牌代理商,或者在一些 B2B 平台找货源。

关于 B2B 平台,有国内的,如阿里巴巴 B2B（https://www.1688.com/）,也有国外的,如欧洲黄页（www.europages.cn）。但大多数卖家的货源都来自国内,这种直接采购的方式,无须卖家操心商品出厂及物流跟踪问题。但有一点需提醒,亚马逊平台很重视知识产权、专利保护,有时会对商品或店铺进行审核,需要卖家提供采购发票或者品牌授权书等,因此卖家在批量采购商品时要向源头供应商确认商品是否为原创,有无侵权风险,可否提供发票或采购单据,以保障商品的真实性。

如果在网站上找不到好的货源,卖家可以考虑与工厂合作,直接生产商品。如果是这种形式,找一家可靠的工厂就非常重要了。卖家要对工厂进行考察,再综合交货期、付款方式、包装、运输成本、地理位置等因素进行考量。这是很花时间与精力的过程,找七八家做对比也是常事,同时还会涉及更多的成本,如零件费用、工厂的人工成本和利润、商品运费等。

二、进行商品优化或微创新

找不到货源,就无法将店开起来。如果通过各种渠道,卖家还是没有找到合适的货源,又或者是经过一段时间的销售后,发现当初看好的商品,其实并不是那么畅销,或者商品还存在着瑕疵。那么,卖家就可以对商品进行优化或者微创新了。卖家进行商品优化或微创新,不是单靠个人的力量就能做到的,它需要很强大的团队和充足的资金。所以,卖家也需要先做好成本核算,开发的商品越精密,所需的成本就越高。

三、选品的其他问题

1. 对商品做好提前规划

当卖家的商品卖得不错的时候,竞争对手就会增加,同时利润也会下降,可能需要想更多的办法来应对可能出现的价格战,或者需要打造有差异化的商品来提高利润。所以,在选品前期,卖家需要提前做一些规划,如注册商标、建立品牌保护。前期工作做足了,后期会轻松一些,也可以减少风险。

2. 选品是一个不断更替的过程

对于商品开发,可能卖家一开始物色了上百种商品,但经过反复筛选与对比,最终确定下来上架销售的也就两三款。同时,市场也是在不断变化的。可能今年流行的商品,明年就不流行了,到时也要寻找其他的商品来替代,重新开始新一轮的选品。

　　只要店铺还在运营,选品的工作就不会停止,虽然选出来的商品未必都适合市场,但卖家会获得诸多经验。

第三节　高阶选品思路

　　很多消费者想买一款智能手机时会马上联想到苹果、华为等知名品牌。现如今的智能手机,外形小巧功能却异常强大,这就是拥有极致用户体验的小而美的商品的代表。在亚马逊平台上,不少卖家通过打造小而美的商品来吸引买家。

　　图 4-6 所示商品是 Anker 打造的一款便携式移动电源,口红外形设计,采用优质的松下电芯,电芯规格为 3350 mAh。这款移动电源外观迷你时尚,功能上安全实用,因此俘获了不少买家的心,在亚马逊平台上销量好,好评如潮,是当之无愧的"爆款"。

　　我们知道,充电器本身就是一个红海类目,商品众多,竞争激烈。但是 Anker 却选择了充电器中的一个细分类目——移动电源,并在这个类目中杀出了一条血路。不难看出,Anker 除了很懂市场、很懂欧美消费者的审美与需求以外,对打造小而美的商品的技巧,也掌握得炉火纯青。

图 4-6　Anker 打造的移动电源

一、小而美的概念

　　小,是指卖家专注于某个细分领域,可能只经营某一个单子的子类目商品,可能也只有几个、十几个或者几十个商品。

　　美,是指打造商品的卖家拥有自己的核心技术,能做出"颜值高"、品质好、个性十足的商品,又或者有一流的客户服务和良好的盈利模式。

　　小而美的特点如下:

　　(1)专注于细分领域。品牌调性鲜明,店铺定位、客户定位精准,客户数量不少。

　　(2)专注于商品。打造的商品是为了满足某个客户群体深层次的需求。商品的款式、颜色、材质、工艺都有专业的研发团队进行把控,商品的综合竞争指数远超同行。

　　(3)专注于服务。服务商做得很深入,给买家良好的购物体验,这种服务甚至能够改变消费者的观念与选择。

无论是商品还是服务，小而美都与细分、精准相关联。同时，小而美也是一种商业模式、一种经营路线。

二、小而美商业模式的竞争力

在亚马逊平台上，卖家之间的竞争是十分激烈的，中小卖家想要存活，想要与各大品牌卖家争夺市场份额，就要寻找适合自己发展的道路，小而美就是一条不错的出路。它有利于塑造品牌形象，提高销量。

(1)小而美是一条有利于塑造品牌形象的道路，小而美的商品、小而美的服务，有利于口碑的传播，尤其是社交平台的口碑传播。有了口碑传播，品牌或商品自然会被越来越多的买家所熟知，忠实的粉丝也会越来越多。随着市场的拓展，说不定有朝一日也会成为大品牌。

(2)小而美的商品，必然会有为数不少的忠实粉丝，依靠忠实粉丝的口碑推荐、复购率以及自然流量，可以轻松提高商品转化率，也能够减少付费广告的支出。就算是做付费推广营销，订单转化率肯定也会比普通商品要高出很多。

(3)小而美的商品或服务，物超所值，比价功能弱化。卖家可以借此突破价格战，将市场风险控制在一定范围之内，以最小的成本获得最大的利润。

三、哪些卖家适合走小而美路线

走小而美路线，商品或服务的亮点多、竞争力强，店铺自然就不缺流量和转化率。那么，哪些卖家适合走这条路线呢？

(1)中小卖家。对于团队规模不大、投资规模有限、无法上架大量商品的中小企业来讲，如果小而美的路线走顺了，将来也可以往大而美、大而全的方向发展。当然，能不能成功走上大而美的路线，很大程度还是跟市场需求有关。

(2)小而美的路线同样也适合于大卖家。亚马逊的一些大卖家在拥有大量商品的同时也会专注于某个类目的商品，而且大卖家打造起小而美的商品，也会更加得心应手。

(3)有些卖家刊登大量商品，类目繁杂，什么都卖，店铺像个百货超市，但销量却不见提升，商品同质化严重，在与同行竞争时，价格与服务方面也不占优势。这种类型的卖家也不妨考虑砍掉没有竞争力的商品，专注于某个细分领域，将某个类目的商品做好。

四、亚马逊卖家怎样走好小而美路线

1. 明确定位

(1)对群体的定位。卖家根据商品特色和自己的经营模式，对目标群体有一个准确的定位，才能吸引并持续留住客户。

(2)针对哪个区域的买家？想为哪类特定的人群服务？只要是做买卖的，卖家想要赚钱，想要抓住核心客户群体，就需要先分析消费者的喜好，然后用商品或服务满足他们的需求。

(3)对商品或服务的定位。一旦确定了为某一类特定的人群服务，那么，为他们提供什么样的服务或商品？高端的还是低端的？高价的还是低价的？都需要卖家有清晰的定位。

(4)对品牌的定位。小而美的品牌定位为高端还是低端，是走高冷尊贵路线，还是走小清新路线，也只有当卖家对客户群体、商品和服务有了清晰定位时，品牌的定位才会明确。

2. 打造差异化

(1)商品差异化。如何打造商品差异化？以前是"人无我有"，现在是"人有我异"。卖家不妨先研究一下自己的商品，觉得品质够好吗？功能够强大吗？颜色够养眼吗？放在市场上，会有多少个买家会看上？同时不妨对比一下别家的商品，或者看看平台上买家留下的反馈，通过对消费市场深入的调查，发现商品功能有缺陷，就去改进商品的功能；外观不够完美，就去调整商品的颜色或形状。

(2)服务差异化。走小而美的路线，除了在商品上可以做差异化以外，也可以在服务和体验上做差异化。客户购买的不仅是商品，也是一种独特的服务或体验，如果客户能在情感和精神上得到满足，那就更完美了。像亚马逊平台，奉行客户至上，将对 Prime 会员的服务做到了极致。

越是高端的商品，就越需要注重服务的差异化。不过，要真正做到服务的差异化，并不是一件简单的事情。亚马逊卖家的客户主要分布在海外，如果卖家有足够的资金，可以考虑在当地建立售后服务团队；如果没有，也可以选择部署海外仓或使用 FBA 发货、采用快捷物流、客服退换货这些手段来打造最佳客户体验。

另外，可能有些商品很难做到差异化，比如像坚果这类商品，但国内电商"三只松鼠"却将服务做到了极致，客户购买这些商品时会送果壳袋、小夹子、胸针、湿巾等，包装严实，物流快速，从包装到味道到售后都无可挑剔，卖家也不妨以此作为参考。

五、打造小而美的商品应注意的问题

走小而美路线，卖家需要面对和尝试解决的问题还有很多。在打造商品时，有哪些需要注意的呢？

1. 保证资金

打造小而美的商品，需要足够的资金。如果连资金都无法保证，很有可能会中途折戟，得不偿失。打个比方，卖家在进行商品改进时，如果需要对颜色或材质进行替换，可能需要另起炉灶，开发独家所有的模具，投入的生产成本一定会增加。所以，只有保证了资金，才能保证商品品质。

2. 有持续的创新研发能力

选择走小而美这条道路，必须坚持、专注。关键点在于卖家有没有持续的创新能力，有没有自己的独门技术，能不能制造出受众喜欢的商品。如果卖家的产能不高，技术创新力不够，打造的商品差异化不明显，那么打造出的小而不美商品，是难以被目标群体所接受的。

3. 有知识产权保护措施

如果没有良好的知识产权保护措施，卖家的商品上市后可能存在被复制、被抄袭、被跟卖的风险。所以卖家在打造小而美的商品的时候，不妨也同步申请专利和注册品牌。

4. 控制商品数量

走小而美的路线时，商品不宜过多。同时商品也要有所区分，比如说一些商品专门用来盈利，一些专门用来吸引流量，一些专门用来做招牌形象。

5. 更精准的推广营销

小而美的路线可以使卖家更加专注于商品，可能会带来更高的转化率，但同时也面临着覆盖人群有限的问题，因此推广营销需要更加精准到位。小而美的商品也需要经历市场的考验，不排除有些小而美的商品的群体定位非常小众，市场不温不火，没有渠道的主动优势，这种情况下，很难将小而美的商品培养成爆款。

课后习题

1. 亚马逊商品开发的基本理念是什么？
2. 商品开发时使用排行榜搜索，主要使用哪五种排行榜进行分析？
3. 在做商品调研时，有哪几个方面是需要重点调研的？
4. 中国卖家最常到哪个平台上进行商品货源的寻找？
5. 小而美的商品中关于小和美的定义分别是什么？
6. 简述小而美商业模式的竞争力。
7. 在亚马逊 Movers & Shakers 榜单中选出商品销量飙升较快的一款商品，并简单分析这款商品近期销量飙升的原因。
8. 在亚马逊各类榜单中选出一款你认为的符合小而美特点的商品，并简单阐述原因。

第五章　商品上架

本章要点

- 商品定价
- 定价方法
- 商品刊登
- 刊登实操
- 商品标识码

第一节　商品定价

当商品准备好之后,就进入了销售端。想要在亚马逊上销售商品,第一件要考虑的事情就是商品该卖多少钱,也就是定价的问题。定价过高,容易吓跑买家,定价过低,又无法赚到足够的利润。如何定价才是上策呢?

一、影响定价的因素

1. 市场因素

(1)市场供需。市场供需对商品价格有很明显的影响。当市场追捧一个新品,容易造成供不应求的局面,物以稀为贵,价格也会跟着一路上涨。但当商品上市一段时间后,商家们线上线下大量铺货,买家的选择趋向多样化,卖家的利润被稀释,价格也会跟着下降。同时,各个行业研发新品的速度是非常快的,当功能类似的新商品出现,旧商品对买家的吸引力也会下降,降价是必然的。

(2)竞争对手的价格。亚马逊平台上的卖家成千上万,卖家之间知己知彼,相互竞争,有时候竞争对手的价格,也会成为同行卖家进行商品定价的参考。

2. 商品成本

(1)平台月租和佣金。如果是以专业卖家的名义在亚马逊平台上销售商品,除了要交月租以外,亚马逊会根据卖家销售的不同类目的商品,收取不同比例的佣金。对于这部分费用,精明的卖家肯定会计入商品定价中,转嫁给消费者。

(2)生产成本。商品的生产成本包括原材料、研发、生产、人工等方面的成本。总体来说,生产高端的、品质好的商品要比生产低端的、质量一般的商品成本要高出很多。如果卖家对商品进行改良或微创新,成本也会增加。

同时,并非所有的卖家都有工厂可以控制生产成本。没有工厂的卖家只能寻找代工工厂,或者在市场上进行商品开发和采购。采购成本对商品售价也有影响,如果商品的采购成本高,卖家为了保证利润,定价自然会高一些。

(3)运输费用。商品从出厂到线上销售,运输成本也不小,它也会影响商品的售价。如果卖家选择使用 FBA 发货,会产生 FBA 头程运输费用和 FBA 仓储费等。

3. 企业因素

(1)预期利润。有些卖家在选品时或上架商品前会预估商品的市场前景和利润,有些卖家对自家商品很有信心,对利润的期望值就会高一些,可能是定价的几成,也有可能是成本的几倍、十几倍。

(2)品牌形象定位。商品品牌定位不同,设的价格区间也不一样。走低端市场路线的品牌,价格会偏低;走中端市场路线的品牌,价格适中;走高端市场路线的品牌,价格偏高,但其商品与服务也都是高端的。

(3)营销推广费用。卖家为了扩大销量,提升商品人气,会在亚马逊站内或站外的社交媒体平台做付费营销推广,这也会产生一笔不小的推广费用。

(4)资金周转。有些企业为了减少风险,快速运转资金,会加快商品的销售周期,在定价方面,不会将价格设得太高。相反,有些企业为了冲销量,可能掀起价格战刺激市场。

(5)其他因素。卖家在亚马逊不同站点开店,直面不同国家的消费者,而消费者的消费习惯也会影响卖家对商品的定价。

二、了解行情,进行比价

影响商品定价的因素是多种多样的。卖家在定价之前往往都会先比价。亚马逊平台很大,卖家的商品价格也很透明。只要动动手指,就能查到竞争对手的商品售价。在为自己的商品定价时,为了图方便,卖家是不是可以直接抄别家的价格呢?当然不可以这么盲目。每个店铺的盈利目标不一样,定价政策不一样。如果照搬别家的价格,将带来极大的风险,这一点卖家要切记。

另外,不同类目的商品,利润也是不一样的。如果卖家所选择的品类竞争十分激烈,那么利润可能会偏低。如果所选的商品是冷门的,竞争比较小,那利润可能会偏高。

三、价格与销量之间的秘密

当卖家透过价格研究竞争对手的销量时,可能会发现以下两种情况。

1. 买家偏向购买有品质保障的商品

同类的高价值商品,如珠宝首饰,有些店铺把价格定高了,销量反而比价格低的店铺要好。这是为什么? 如果两家卖的商品类似,能左右买家在哪家购买的因素无非就是看商品的评分、评论、排名,这些数据就更有说服力了。试想,如果卖家的商品刚上架,没什么评价,评分不高,排名不好,就算价格比较便宜,买家也很难判断这个商品是否值得购买。但如果商品上架时间比较久、销量多、排名靠前、评分高、口碑好,买家会觉得这个商品是经过市场考验的,虽然价格偏贵,但钱花得放心。

2. 较低的价格对销量具有拉升作用

买家如果看中一些热销类商品,如服饰、箱包等商品,购买时除了参考图文、详情描述以外,也会考虑价格。如果价格过高,超出买家的购买能力,买家就会搜索别的店铺是否也在卖这个商品。如果别家也在卖这个商品,而且价格比较低的话,买家肯定会选择价格低的店铺进行购买,定价过高的卖家就错失商机了。

那么,卖家在什么情况下会设置低价呢?

(1)只做短期买卖想赚快钱的卖家,或者商品没有什么竞争力的卖家,为了销量拼命拉低价格,但商品质量不一定有保证。

(2)刚起步的卖家,为了积累人气,在商品刚上架时设的价格会偏低,以让利的形式吸引买家,等有一定销量、商品有一定人气时再提价。

(3)有些卖家将低价销售作为营销策略,长期低价,或者经常做低价促销。不过这种卖家应该很有实力,对商品质量、商品成本、货源有很好的控制力,即使低价销售也有足够的盈利空间,同时在推广营销等方面也做得很成功。

第二节 定价方法

一、亚马逊商品的一般定价公式

FBA 发货,该如何进行商品定价,不妨参考以下公式。

FBA 商品售价＝(商品成本＋FBA 头程费用＋FBA 费用)×(1＋利润)/(1－佣金)

商品成本包括生产、推广、税务、人工等方面的成本。

根据不同的品类,亚马逊收取不同比例的佣金,一般为 8%～15%。表 5 - 1 以美国站为例,将各个品类的佣金给大家做参考。

表 5 - 1 亚马逊美国站佣金收取标准

分类	销售佣金百分比	适用的最低销售佣金
亚马逊设备配件	45%	1.00 美元
母婴(婴儿服饰除外)	15%	1.00 美元
图书	15%	—
摄像摄影	8%	1.00 美元
手机设备	8%	1.00 美元
电视/音响	8%	1.00 美元
DVD	15%	—
电视/音响配件	总售价中 100 美元以内的部分扣 15%; 总售价中高于 100 美元的任何部分扣 8%	1.00 美元
家具和装饰	15%	1.00 美元
家居和园艺(包括宠物用品)	15%	1.00 美元
厨具	15%	1.00 美元

分类	销售佣金百分比	适用的最低销售佣金
大型家电	总售价中 300 美元以内的部分扣 15%； 总售价中高于 300 美元的任何部分扣 8%	1.00 美元
音乐	15%	—
乐器	15%	1.00 美元
办公用品	15%	1.00 美元
户外	15%	1.00 美元
个人电脑	6%	1.00 美元
软件和电脑/视频游戏	15%	—
运动(体育收藏品除外)	15%	1.00 美元
工具和家居装修	15%,但基础设备电动工具为 12%	1.00 美元
玩具	15%	1.00 美元
解锁手机	8%	1.00 美元
影视	15%	—
3D 打印商品	12%	—
汽车和机动车	12%,不含 10% 的轮胎和车轮商品	1.00 美元
美妆	15%	1.00 美元
服装和配饰	15%	1.00 美元
收藏类图书	15%	—
硬币收藏品	参阅卖家平台	
娱乐收藏品	参阅卖家平台	
艺术品	参阅卖家平台	
礼品卡	20%	—
食品	15%	—
个护健康(含个人护理器具)	15%	1.00 美元
工业和科学(含食品服务和清洁与卫生)	12%	1.00 美元
珠宝首饰	20%	2.00 美元
箱包和旅行用品	15%	1.00 美元
鞋靴、手提包和太阳镜	15%	1.00 美元

在商品定价之前,卖家先确定商品的定位,决定是走高销量路线还是走高利润路线。走的路线不同,定价的策略也不一样。不过有一点要切记,商品售价不能引起买家的反感。

二、商品在不同阶段的定价方法

同一个商品,有竞争对手和没有竞争对手的定价策略是不一样的。同时,商品在不同的阶段的定价思路也是不一样的。

1. 新品上架阶段

当卖家的商品刚上架时,没有好评,没有星级评分,没有忠实粉丝,商品处于无竞争力状态,如果商品价格跟成熟卖家的价格一样,试想一下会有人买吗?当然不会。所以,在新品上架之初,为了让买家有良好的体验,让商品快速切入市场,卖家们不妨将价格定低一些。但是,也不能定得太低,那样非但赚不到应得的利润,反而会让买家低估商品的价值,甚至怀疑卖家在卖假货。

2. 商品成长阶段

当卖家商品的销量、好评、星级评分各项指标有了一定的基础,但忠实粉丝还是较少且处于成长阶段时,卖家可以稍微提一下价格,或者将价格控制在比竞争对手的价格稍低的范围内。

3. 商品成熟阶段

该阶段卖家的商品销量已经很稳定了,排名、流量、星级评分、销量各方面的指标都很不错,在市场上积累了不少的人气,表现已经远超一般卖家,从各方面的数据都能看出是"爆款"或"准爆款",处在这个层次的商品的比价功能已经弱化,更多地代表了品牌形象与店铺定位。那么卖家可以放心地将价格调得比市场价高一些了,忠实的买家也不会因为卖家提价而离开。

4. 商品衰退阶段

当商品慢慢地进入衰退期时,市场会推出新的功能更加完善的商品取而代之,消费者的忠诚度也会下降,需求也会逐渐减弱,量与利润都会大不如前。此时卖家也没必要继续强推这个商品,如果还有库存,可以进行清仓处理,如满减、打折、包邮等 。

三、定价的小诀窍

1. 数字"9"的催眠作用

在各大电商平台上,很多商品的价格都以"9"为尾数,如 9.99 美元、49.99 美元、99.99 美元。在亚马逊上,一部儿童平板电脑售价 99.99 美元,有人可能会问,直接卖 100 美元不是更方便吗?为什么要设成 99.99 美元呢?这就跟客户的心理因素有关了,相较定价为 100 美元的平板电脑,买家会更愿意去购买定价为 99.99 美元的商品,虽然售价实际上只差了 0.01 美元,但在客户心理上的反馈却有着天壤之别。前者让客户认为价格只有两位数,不是很贵,后者让客户觉得是三位数的价格,还要再考虑。

卖家在定价时,除了考虑成本与利润外,还要顾及买家的心理因素。亚马逊平台上有很多商品的价格都以"9"为尾数,这招真的很有用。

2. 差别定价

卖家在定价的时候,可以把功能类似的同系列商品一起陈列标价,并试着推出价格较高的商品来影响价格较低的商品。举个简单的例子,服装店的店家总是喜欢把 39 元、69 元、99 元三种价位有差别的衣服排列在一起。在99元商品的衬托下，消费者会觉得39元的衣服很便宜，从而刺激消费。在亚马逊平台上，定价也是如此。通过分等级定价，令商品之间存在价格差别，对销量有很大的刺激作用。

四、价格调整策略

合理的定价能让商家获得更多的利润与市场份额，价格战略是卖家经营战略中的一部分，适时地调整价格是很有必要的。

1.按市场需求调整价格

商品的价格不会一成不变，当一个商品供不应求时，就算是价格调高了也会有人抢着要。所以当卖家的商品处于新品上架或成长阶段时，可以根据市场需求来灵活调整价格。

2.在促销季、节假日调整价格

每个电商平台、店铺在不同时间都会有不同主题的促销活动。在亚马逊平台，除了有会员日之外，也会在欧美国家的重大节假日如情人节、万圣节、感恩节、圣诞节等进行促销。节假日作为营销的黄金时期，卖家一定要制定相应的营销策略，并进行大规模的价格调整。

3.因其他情况调整价格

其他情况也可以调整价格，比如说原材料成本上涨、运费成本上涨、人工成本上涨，都可以考虑调整价格。

不过需要注意的是，价格调高后排名会受到影响，销量也有可能因此而发生变化。没有特殊情况，建议不要频繁修改价格。

五、定价举例

每个人都希望能够做有利润的商品，高利润的商品对应的是更高的商品质量和更好的服务，千万不要把平台的买家当作什么也不懂，特别是国外的买家，他们的手机里都装着好几个App比价软件。

当企业上架商品的时候，就要学会定价，定价的时候，不是想当然地定个价格，而是要多去参考竞争对手的价格。

如果企业的商品跟竞争对手一模一样，那么一定要做到比竞争对手要么价格更低，要么高出一大截。例如，别的企业售价20美金，本企业可以定价19美金，或者25美金以上。因为这里涉及一个买家购物心理的问题，很多买家是需要便宜的商品，但是也有很多买家是需要质量更好的商品。商品价格更高意味着企业的商品质量应该是更好的，一般遵循这个原则的前提是需要和商品主图相对应的，如果商品主图一模一样，价格一定要比别人低，企业商品的价格比别的企业的商品高一截，商品主图一定要更有质感。

商品的价格企业会制定了，接着就需要计算商品成本。以亚马逊平台为例，商品的成本包含采购价、国内物流费、头程运费、平台佣金、FBA配送费。假设企业的商品的采购成本是30元人民币，商品重量是500克，售价是30美金（191元人民币），国内的物流费我们以物流价格1.3元每千克为例。

单个商品的国内物流费是：$0.5 \times 1.3 = 6.5$元（不同物流公司价格有所差异）。

头程物流费是（以美国的空运费32元每千克计算）：$0.5 \times 32 = 16$元（具体价格随时变动）。

平台佣金是售价的 15%：30×15%＝4.5 美金(折合人民币 29 元)。

FBA 配送费是：单个商品大概是 2～3 美金(体积越大，价格越贵)，折合人民币 15 元。

商品的单个运营成本是：30＋6.5＋16＋29＋15＝96.5 元。

单个商品的毛利润是：191－96.5 ＝ 94.5 元，此商品毛利润率大概是 50%。

单个商品的净利润是：94.5 元减去一定的退货，减去商品广告费，减去公司运营成本，再减去 1% 的汇损的最终值。

如果退货和广告费能够控制好，此商品的净利润率大概是 35%～45%。

这么计算还没算进去测评的费用，以及亚马逊自身仓库造成的不可售的损失，这里计算的是单个商品上架的时候应该计算的总成本。只有企业的商品毛利润率至少在 40% 以上、净利润率在 30% 以上的时候，这个商品才有开发的必要。

如果企业的商品在上架 3 个月之后，能够控制在 45% 的净利润率，说明企业的商品很厉害，企业运营也很成熟。

第三节　商品刊登

为了给用户提供良好的购物体验，亚马逊可以说是下足了功夫，处处为用户考虑，对卖家进行指导和约束，比如商品审核就是如此。亚马逊官方规定，亚马逊卖家账户申请成功之后，需要选择销售商品的方向，其中有些品类的商品只有通过审核之后才可以在亚马逊平台上进行销售，这就是分类审核制度。

一、分类审核的原因

亚马逊一方面需要通过网站商品数量的扩大和商品种类的增多，来为用户提供更多的选择，另一方面为了让用户买到放心的商品，亚马逊也必须确保卖家能提供高质量的商品。对新卖家所上传的商品也会进行严格的审核，以防出现商品安全、质量缺陷或者进出口限制等问题。这反映出亚马逊对用户的重视和负责任的态度，也是亚马逊重用户、轻卖家的一种体现。

二、审核项目的相关规定

亚马逊官方规定了需要审核、不需要审核以及禁售商品的类目，在其官网可以查询，本书主要介绍美国站。主要的几个商品类目(包括需要审核和无须审核的两部分)如下。

1. 目前需要审核的类目

需要审核的类目有汽车用品、户外动力设备、珠宝首饰、"玩具和游戏"假日销售要求、钟表、体育收藏品、DVD 和蓝光光盘、硬币收藏品、娱乐收藏品、艺术品、流媒体播放器。

2. 无须审核的类目

无须审核的类目有亚马逊设备配件、Kindle 设备系列、母婴用品(除服饰外)、图书、日历、卡片、乐谱、杂志、相机、摄像机－录像机组合、望远镜、手机、电子商品配件。但是某些特定商品可能需要审核，比如消费电子类商品。

三、卖家如何判断哪些类目需要做分类审核

(1)卖家可按照官方列举的商品类目进行判断。判断的依据是参考以上所列的分类审核

类目。

（2）卖家可根据在创建新商品时能否选择节点分类来判断。如果商品类别未在下方列出，可能是因为需要批准、受到限制或分类申请正在审核中。只有通过了分类审核，才有节点可选，才能刊登商品。

（3）分类审核入口。打开后台主页选择"帮助"，搜索"Approval"，点击"Categories and Products Requiring Approval"，选择类目。

四、商品图片

1. 商品主图

主图的背景必须是纯白色（亚马逊搜索和商品详情界面的也是纯白的，纯白的 RGB 值是 255,255,255），主图不能是绘图或者插图，主图不能包含实际不在订单内的配件、道具，主图不能带 Logo 和水印（商品本身的 Logo 是允许的）。

主图中的商品最好占据图片大约 85% 的空间；商品必须在图片中清晰可见；如果有模特，模特不能是坐姿，最好站立，如果要使用模特就用真人模特，不能使用服装店里的模型模特；不能包含裸体信息。

2. 商品辅图

辅图应该对商品做一个不同侧面和商品使用的展示，应对在主图中没凸显的商品特性做补充，亚马逊商品清单中卖家最多可以添加 8 张辅图。辅图最好也和主图一样是纯白的背景，但这不做强制要求，不是纯白的问题也不大。

3. 图片尺寸

图片的长边不能低于 500 或高于 2100 像素，建议图片大于 1000×1000 像素，以便进行缩放（缩放可以更好地展示图片，提升销量）。图片的长度或者宽度任意一边大于 1000 像素时，该图片就可以有"zoom function"图片放大功能（"zoom function"被亚马逊证实过对商品销量的提高有一定的帮助）。图片的最短边如果小于 500 像素，上传时会被亚马逊系统直接拒绝。

4. 图片格式

JPEG、TIFF、GIF 这些格式的图片可以在亚马逊上上传，推荐使用 JPEG 格式的图片，这个格式的图片上传时速度更快。

五、商品发布

通常意义上，一个商品的发布需要做好以下几方面的工作：商品类目确认、图片、标题、价格、库存数量、五行特性、商品描述、关键词。

1. 类目确认

类目确认是为了选择合适的类目，不至于使用错误类目影响商品排名甚至出现违规。在发布商品前，做类目确认也是为了测试自己商品在该类目是否需要做分类审核。在测试分类的过程中，还需要进行的一项工作是下载对应类目的上传模板，因为不同类目的商品的上传模板是不一样的，所以这也是需要提前做好准备的一项工作。

2. 图片

对于图片的要求是选取当前同类商品卖得比较好的几条清单,把图片发给美工做参考,能够拔尖的就拔尖突破,无法突破的也至少不能低于竞争对手的图片水平和视觉效果。

关于图片,最忌讳的就是闭门造车,卖家想当然地认为自己的图片完美,这往往会导致销售过程中的被动,所以拍图一定要在参照和对比竞争对手的基础上进行。

3. 标题

标题设置方面相对来说是需要花费心思的,之所以卖家的商品能够展示在客户面前,标题是占有相当大的决定作用的。标题直接具有了关键词的作用,但又不仅仅是关键词的堆砌。一定得在包含核心关键词的同时,能够突出特色,既要和竞争对手相同,又要比竞争对手的标题更有吸引力。

建议的做法是:首先,选取当前卖得比较好的十家左右竞争对手的标题,全部复制下来,先抓取其中的核心关键词;其次,逐个过滤各个标题,去发掘他们的独特之处,同时考虑自己的商品是否具备同样的特性,有的保留,没有的删除;最后,反复查阅对比各个标题,看哪种结构更好。通过多方对比,知道自己提炼出来的标题至少会在中等偏上的水准了。如果随后发现不够好,还会做适当的优化。

4. 价格

关于价格,建议同时制定出三个价格,即制造商建议零售价(MSRP)、正常价格(Price)和促销价(Sale Price),这样的设置会让价格显得更有节奏感。

5. 库存数量

因为要 FBA 发货,所以最终只能是回到实际发货数量了。

6. 五行特性

建议提炼出五个特性,同时每个特性再提炼出三个左右的词作为核心点,以核心点作为开头,分别引出每个特性,每个特性的字数以不超过两行为准。具体怎么设置,建议借鉴优质卖家的写法,可以找到类似的格式。

7. 商品描述

相同的商品大部分的商品描述是相同的,所以,竞争对手已经给了很好的模板,当然,不同卖家的英语水平还是有差别的,所以建议在借鉴中做甄选和修正。

需要强调的一点是,为了让商品描述显得整齐大气,粗体和换行这两个 HTML 标签自然是少不了的。

8. 关键词

关键词是除了标题之外相当重要的部分。因为关键词是隐性的,卖家无法看到竞争对手的设置,但这不是难题,卖家对自己的商品了如指掌,关键词部分自然也不会有大问题。

关键词的设置原则是不要重复,包括不要和标题中的关键词重复以及不要在关键词之间彼此重复。尽可能包含多一些词语,如精准关键词、宽泛关键词、长尾关键词以及一些趋势性的词语。

六、商品页面优化的关键因素

商品页面的编辑和优化，包含三个核心方面：一个是关键词，一个是卖点，再一个就是美感。

关键词包含宽泛关键词、精准关键词和长尾关键词，有时候这三类词语彼此不相互交叉，有时候这三类词语则彼此相互重合。关键词互相不交叉的商品往往意味着这类商品有多个叫法，比如，移动电源的三个关键词"Power Bank""External Battery""Portable Charger"都表示同一类商品，但三个词语彼此不交叉，这三个词语都是精准关键词。再拓展一步，比如"50000 mAH Power Bank"意味着大容量的移动电源，会成为一部分有特别需求的用户所搜索的对象，这个词就成了长尾关键词，但它和另外两个关键词"External Battery""Portable Charger"并不交叉；另一类词语，比如"Watches"是一个宽泛关键词，"Men's Watches"是一个精准关键词，而"Men's Military Watches"则是一个长尾关键词，三个词彼此有重复的部分，也随着词语范围的进一步缩小，有进一步精准的趋势。

无论三类关键词是否交叉，对于卖家来说，首先需要理解自己的商品，然后收集整理出这三类关键词，整理出来的词语可能有很多，但要根据实际对词语进行筛选，选择最有效的词语，以合适的方式搭配，布局在商品页面标题中。

如果说关键词的作用是出现在搜索结果中起到引流的作用的话，那么仅靠关键词是说服不了终端消费者的。因为消费者在购买的过程中，总会在很多商品页面之间做比较，通过比较做选择，此时，消费者要求的是，卖家如何用其商品给自己留下深刻的印象，如何把该卖家商品与别的卖家的商品不一样之处凸显出来以说服自己购买。

此时，商品的卖点就显得尤为重要了。在标题中，商品的卖点体现为卖家的商品的独特性，即自己的商品和别的卖家商品的差异化，如此一来，就要求卖家必须学会去提炼出自己商品的独特之处和能够触及消费者痛点和关切点的东西，也就是说，在卖点上能够做到恰到好处，能够做到消费者读了标题，就立刻被种下心锚，再也忘不掉了。

从这个层面上来看，卖点等于种心锚："我有别人没有，我有的是接触到的人会念念不忘的。"具体来说，能够用来种心锚的包括商品独特的卖点、商品差异化的特点和商品可以解决用户需求部分的痛点和关切点，这些都需要以用户为中心进行拓展。如果仅仅站在工业的角度去写，恐怕就会事倍功半。

有了关键词，有了卖点，就要达成优化的第三点——美感。美感是一个要求比较高的东西，虽然不具体，但它又体现在具体的每一个细节，甚至包括标点符号和一个适宜的大小写字母，当然更包括恰如其分的修饰词所透露出来的愉悦人心的内容。美感是一个较高层次的东西，甚至是只可意会不可言传的，所以，这就要求卖家既要提高自己的英语水平，又要增强对商品的理解，还要加强自己对美的认知。如果一条商品页面能够从关键词、卖点和美感三个层面去思考、把握和努力做好，一个出色的商品页面就展现出来了。

七、填写规则

1. 商品名称

每个字的首字母必须大写（除了 a，an，and，or，for，on，the 之类的词），不能全大写或者全小写。

不能有特殊字符，不能有中文输入法状态下输入的标点符号；商品标题不能有商标符号；

如有数字描述请用阿拉伯数字,不要使用文字,例如要写 2 不要写"Two";商品名称不能有自己的库存量单位(SKU)号码或者其他编码。

如包含批量销售,请在商品名称后面添加(pack of X)。不能过长,商品页面标题长度不能超过 200 个字符,不能有重复关键字或者用不同单词描述同一个意思的关键字。

如果商品有多个用途,只写一种用途或兼容信息,其他请在五行特性或者商品描述里填写。例如:某电池适用于某电脑的各种机型,不能写超过两款机型。

2. 品牌名称

品牌名称是必填项,并且要将品牌名称显示在标题的最前面,大小写要保持一致,电子类无品牌商品要注明无品牌。其格式为"Brand＋Product name",例如,"My brand Cell Phone Case for iPhone 8 Black","Generic Cell Phone Case for iPhone 8 Black"。

3. 不能含与商品无关信息

不能有公司、促销、物流、运费或其他任何与商品本身无关的信息。例如,"Free Shipping""2 days express delivery""Best Seller""Hot Item""Latest Design,New Fashion,Fashion 2019""Your Company Name" "Money-back Satisfaction Guarantee""Customizable please email me your idea or design""Please go to my website or Amazon store for more colors and more designs""Please tell me your size"。

(4)产品描述里面多写一些信息并且想要分行显示则需要在每行后面添加一个
,还可以添加简单的标签,如<b> <i> <u>,除此之外其他标签都不可以添加。

(5)"Bullet Point 1—5(Product Features)"要填写至少要一个,并且首字母要大写。

(6)"Search Term 1—5"要填写至少一个。

(7)珠宝类商品名称中要有材质信息,如"Metal Type""Material Type",德国平台要额外填写"Season""Model Year"。

(8)非服饰类商品有不同颜色的,需要单独创建一个新商品,品名里面写清楚颜色,不能把几个颜色混写在一起,不能随机发货。

(9)如果是按照重量计算,快递费用请填写"Shipping Weight"。

(10)特殊品类商品命名规则。

①服饰类商品命名规则。

父商品名称规则是:"Brand＋ Department/Target audience ＋ Product name/Style。"如"Tatonka Essentials Women's Fleece Pullover 'Sharon Lady'"。

子商品名称规则是:"Brand ＋ Department/Target audience ＋ Product name/Style ＋ Size/style ＋ Color。"如"Tatonka Essentials Women's Fleece Pullover 'Sharon Lady' Size 8 US Black"。

②鞋类商品命名规则(包括手包、钱包、皮带、眼镜等商品)。

父商品名称规则是:"Brand＋Gender/Age Group＋Product Line＋ Material ＋ Shoe Type。"如"Kenneth Cole REACTION Women's Work Space Leather Pump"。

子商品名称规则是:"Brand ＋Gender/Age Group＋Product Line ＋ Color ＋Material ＋ Shoe Type ＋ Size。"如"Kenneth Cole REACTION Women's Work Space Black Leather Pump 7.5 M US"。

第四节 刊登实操

一、创建商品页面（后台直接上传）

（1）进入卖家后台，点击屏幕左上角 Inventory 下面的"Add a product"，在"Add a product"页面，点击"Create a new product"。

在列表中选择商品详细品类，在搜索框里输入关键字可以搜索品类，点击"Select"确认品类。

（2）搜索品类。卖家如果不确定自己的商品品类，可以使用品类搜索功能，输入品类关键字后，进行搜索。找到品类后按照正确的品类添加新商品。

（3）输入上传商品的基本信息，其中带 * 号的是必填项。亚马逊平台上的商品上传需要填写较多的信息，如 Vital info（重要信息）、Variations（变体信息）、Offer（报价）、Compliance（合规）、Image（图片）、Description（描述）、Keywords（关键词）、More Details（更多参数）等。

（4）Vital info（重要信息）栏目必填的内容如下。

①Title（标题）。需要填写与商品有关的要素（如品牌、商品描述、商品系列或者型号、材料或主要成分、颜色、尺寸、数量等）。亚马逊规定标题不能超过 200 个字符，要短小精悍，切记堆砌重叠。同时也尽量不要使用买家无法理解的缩写，不要有中文式的英文拼写。不然无法通过审核，容易影响买家的购物体验。

②Manufacturer（制造商）。必须填写制造商名称，如果没有制造商名称，则填写品牌名称。

③Brand（品牌）。商品上传时要填写品牌，能在前端以品牌的分类存在，相同商品填写同一个品牌名称，买家就可以在前端搜到这个品牌的所有商品。所以卖家需要将品牌名称填写正确，方便买家搜索。

④Product ID（商品 ID）。亚马逊规定要有 UPC 码才能上传商品。一个 UPC 码对应一个商品，为了防范风险，建议卖家通过正规渠道购买 UPC 码（北美站需要提供 UPC 码，欧洲站需要 EAN）。

（5）Variations（变体信息）。该栏目是非必填栏目。如果卖家在上传商品时出现了变体信息这个栏目，那么表明这个类目支持变体，所传的商品是变体商品。所谓变体商品，是指商品有颜色、尺寸的属性。商品有颜色或者尺寸的单一变体，或者是"颜色＋尺寸"的组合双变体。变体后，当买家在浏览商品页面、选择不同颜色或尺寸时，商品的图片会随之变化。

在填写变体信息时，完善每个子体的"SKU/PRODUCT""ID/YOUR PRICE/CONDITION/QUANTITY"等信息。

（6）Offer（报价）跳到下一步填写报价栏目的信息。在报价栏，注意点开高级视图。

市场价：根据商品定价来完善商品价格。

配送准备时间：对于自配送的卖家，合理选择配送准备时间，一般建议 1～3 天。

订单商品最大数量：一个订单最多能卖多少个商品，有利于防止竞争对手偷窥库存。

开始销售日期：如果是 FBA 的商品，可以设定为预计商品到货日。

配送渠道：根据自身情况选择自配送或者 FBA 配送。

(7)Images(图片)上传。第一张是主图,主图必须是纯白色背景。其他为辅图,最多可以上传8张辅图。图片对买家有很强的视觉冲击力,卖家需要保证图片的质量。在首次上传商品图片时,图片不会立刻上传成功,需要等商品信息都填写完毕,点击"save and finish"按钮后,图片才会上传成功。

(8)Description(描述)。该栏目里需填写商品的特性、吸引点,以增加买家对商品的了解。在五行特性描述栏目里商品特性和商品描述中填写的内容,会在前端显示。

①Bullet point(五行特性)。此处填写商品的主要功能和亮点或商品的与众不同之处。可以填写五个要点,每个100~500个字符,但是最好控制在300个字符以下。

②Description(商品描述)。如果在商品描述框里直接输入文本,文本会没有空格、加粗的变化,所以卖家需要使用代码。

需要换行的代码如下:

第一行内容
;

第二行内容
;

以此类推。

需要加粗的代码如下:

需要加粗的内容。

(9)Keywords(关键词)。关键词在有些类目也叫"Search Terms"(搜索词),此栏可以输入与商品有关的关键字,但注意不要有重复及拼写错误,也不建议为了蹭热销商品的搜索排名而刻意写一些与商品无关的关键词。

(10)More Details(更多参数)。该栏目为非必填项,卖家可选择性填写。可进一步补充商品的参数,比如Weight(重量)之类的信息。

(11)Compliance(合规信息)。合规信息是亚马逊新增的填写栏目,为了保护亚马逊顾客的购买体验,保证商品安全,亚马逊要求带电的商品必须要填写相关的信息,主要填写一些电池信息等。如果商品没有带电池,就不需要填写这些内容。

(12)编辑保存。输入商品基本信息如SKU、标题、描述、品牌、生产厂商、功能、图片、价格、关键字、商品统一代码(UPC)等。

确认所有标识为红星的信息都填上以后,屏幕下方的"Save and Finish"按钮会由灰色变成橘黄色,点击"Save and Finish"创建商品。

在首次创建商品的过程中图片不会马上上传,要等商品信息都输入完毕,点击"Save and Finish"按钮的时候图片才会上传。

二、批量上传—下载模版

卖家可进入卖家后台,点击"Inventory→Add Products via Upload",选择要发布商品的分类后,生成相应的模板。模板下载成功后双击打开Excel,批量上传模板包含很多工作表,如Data Definitions,Template,Examples,Browse Data,Valid Values等。

- Instructions是简介,Image Info是图片要求。
- Data Definitions是对整个批量上传模板各个字段的解释。
- Template是商品数据填写表格,如Consumer Electronics,Clothing Template。
- Examples是例子。

- Browse Data 是类目数据。
- Valid Values 是某些字段要填写的正规值（下拉菜单值）。

进入商品信息模版后输入必填信息，每行一个商品。在 Product Type 里输入商品类型，在 Product-id 里输入 12 位 UPC 码，在 Product-id-type 里输入"UPC"，在 Product-type 里选取对应的商品类目。

商品信息输入完毕后确认所有必填信息都已正确添加，并且 UPC 和 SKU 没有重复，保存成 Excel 工作簿宏文件（＊.xlsm）。在"Upload inventory files"下拉菜单中选择"Inventory Files for non-Media Categories"，在"Locate your inventory file to upload"中浏览选择已经做好的文件，点击"Upload Now"。

在批量上传模板中创建父子类关系，主要用到以下字段，这些字段标识了商品之间的父子关系定义。

SKU/Product-name/Parent-child/Parent-sku/Relationship-type/Variation-theme/Color/Size。

例如，SKU "101-P""My Brand Women's Fleece Pullover Sharon Lady"是父商品。

——SKU 要体现出该商品是父商品并且跟子商品的 SKU 类似。

——Title 要体现出该商品是父商品，不能出现颜色尺寸文字，命名规则为"Brand＋department/ target audience＋product name/style"。

——Parent-child（父子商品）字段要填写 Parent 来定义该商品为父商品。

——Parent-sku（父商品 SKU）字段为空。

——Relationship-type（关系类别）字段为空。

——Variation-theme（变体类型）字段是用来定义这一组商品是按照什么来进行变体的，该字段可以选择为 Size，Color 和 Size Color。

——父商品的颜色尺寸等字段要为空，因为父商品只是一个集合，没有真实的尺寸颜色。

——父商品不能填写价格和数量信息，父商品必须有一个主图。

第五节　商品标识码

亚马逊出台了新政策来规范商品标识码，UPC 码不符合国际物品编码协会（global standards 1，GS1）的要求将被视为无效，相关的商品将被亚马逊下架，而且有可能暂时或永久性限制卖家创建 ASIN（Amazon standard identification number）并冻结销售权。下面将对亚马逊的新规对标识码进行介绍。

一、商品标识码 UPC 和 EAN 的基础知识

采用商品标识码的意义在于方便管理、方便存取、提高效率。UPC 码就是商品标识码中的一种，美国统一代码委员会于 1973 年建立了 UPC 代码系统，并全面实现了该码的标准化。它是商品信息的符号，通过电子扫描可以读取该商品的产地和其他相关信息，除 UPC 码外还有 EAN 码，中国选用的是 EAN 码。

EAN（European article number）码是国际物品编码协会制定的一种商用条码，全球通用，分配给中国物品编码中心的前缀区间为 90～699，再由中国物品编码中心统一分配企业代码，

商品代码则由制造商根据规定自己编制。

EAN码是在UPC码的基础上确立的商品标识符号,并根据UPC码的相关经验进行了发展和创新,它们都被GS1所承认,但在技术层面上,EAN系统的光电阅读器可以识别出UPC码,而UPC系统的光电阅读器相对落后一些,无法识别出EAN码。这也是在亚马逊上UPC码可以被EAN码所替代的原因,EAN码可以用来在北美站上传商品,而UPC码却不能上传到欧洲站。

虽然国际组织多年前就希望在全球范围内统一采用EAN/UCC—13代码标识系统,但由于很多北美地区的用户使用的数据文件仍不能与之兼容,所以目前仍需要采用以UPC—A或UPC—E表示的UCC—12编码结构。

由于国际上存在着这两套主流的编码系统,我国商品在出口时,销往美国和加拿大的商品要使用UPC码,销往其他国家和地区的商品则需使用EAN码。

标准EAN码和标准UPC码的结构如下:

标准EAN码的构成为:国家码(2位或3位)+厂商码(5位或4位)+商品码(5位)+校检码(1位)。

标准UPC码的构成为:系统码(1位)+厂商码(5位)+商品码(5位)+校检码(1位)。

需要注意的是,在UPC码前面加O,UPC码就变成了EAN码。

二、如何在亚马逊上使用UPC码和EAN码

商品标识码UPC码和EAN码具有永久性和唯一性。所谓永久性就是指商品代码一经分配就是终生的,哪怕该商品不再生产和销售了,其UPC或EAN码也只能留起来,不可以再分配给另外的商品使用。唯一性是指商品在价格、名称、码数、材质、包装等方面如果有不同,不能使用同一个UPC或者EAN码,必须重新进行编码。

比如一款背包,有1个尺码、5种颜色,那就要用5个UPC或EAN码;如果有3个尺码、5种颜色,就需要15(3×5=15)个UPC或EAN码;如果有3个尺码、5种颜色、2种包装,就需要30(3×5×2=30)个UPC或EAN码。

三、亚马逊推行UPC码新政的目的

目前亚马逊上的商品实在是太多了,商品的质量变得良莠不齐,而且有着上百万雷同的商品,这给买家带来了糟糕的购物体验。长此以往,不但买家会流失掉,对塑造亚马逊这个品牌也没有任何益处,尤其是一些卖家为了降低商品的成本,选用某些第三方平台低价售卖没有审核证书的UPC码,更降低了买家对亚马逊平台的信任度。

亚马逊严厉打击使用伪造或者错误UPC码的卖家,对已入驻的卖家进行一次筛选,借助GS1的数据库信息来净化自己的商品库,保证每个商品只刊登一次,减少卖家重复铺货的机会。

一些卖家的商品,虽然和亚马逊上已在出售的商品相同,但却选择了自建商品页面,通过上传不同拍摄角度的商品照片、上传购买的UPC码,得到更多的曝光率和展示机会。亚马逊审查UPC码,会对不合格的卖家和商品进行处罚,促使卖家输入商品真正的UPC码,再将同一UPC码的商品合并到相同的页面,即同一个ASIN上,最大限度地限制重复刊登。

与此同时,亚马逊打击伪造UPC码和审查UPC码的举措,从侧面对传统外贸品牌商和外贸

工厂的入驻起到了促进作用,实现了良币驱逐劣币,向优质的卖家抛出橄榄枝,让他们来服务亚马逊优质的买家。那么何谓优质的卖家呢? 即卖家的商品质量好、商品微创新、商品做品牌。

四、UPC 码新政下如何得到 UPC 码

(1)如果是品牌商,卖家可以在亚马逊上申请品牌保护,成功申请后亚马逊会给到卖家一个 GCID 码,卖家可用 GCID 码代替 UPC 码,不但免去了上传 UPC 码的烦恼,也能省下购买 UPC 码的费用。从这一点也可以看出,亚马逊鼓励品牌商入驻,鼓励卖家申请商标建立品牌。

(2)如果是生产商,建议直接通过 GS1 购买属于自己的 UPC 码,生产商可向中国物品编码中心进行申请,其官方网站是"http：//www. ance. org. cn/"。申请时需要提供营业执照和组织机构代码,根据企业类型的不同缴纳不同的费用。

(3)如果不是工厂或者生产商,没有资格去申请属于自己的 UPC 码,可以让彼此信任的供应商去申请,申请下来后授权给自己使用,每年可以交给对方一定的使用费,同时拿着授权书去投诉冒用自己 UPC 码的竞争对手。其实,想要做好亚马逊,要么是有自有品牌和工厂,要么是有自有品牌并和工厂良性合作,要么就是拿到品牌在某个站点的销售授权书(比如美国站或者日本站的,最好是独家授权)。

(4)如果卖家目前在冒用别人的 UPC 码,或者 UPC 码是属于自己的,但是用商品 A 的 UPC 码来上传商品 B,以达到多创建商品的目的,那么一定要及时转型。因为知识产权越来越受到重视,如果不改正这些不良行为,比如侵权、刷评、剽窃等,最终的结果一定是商品被下架和账号被封。

(5)目前,亚马逊的整治和清理速度还没有那么快,对于一些中国卖家而言,还有调整和转型的机会。如果不得不购买 UPC 码,最好不要通过非正式渠道购买,也不要使用由自动生成器生成的 UPC 码,现在亚马逊对以 5 或 05 开头的 UPC 或 EAN 码审查得较为严格,卖家一定不要购买这样的 UPC 或者 EAN 码。

课后习题

1.简述商品定价时在商品成本方面需要考虑的几个因素。

2.在美国站,户外用品类目的销售佣金百分比是多少?

3.简述亚马逊需要进行分类审核的原因。

4.详细阐述亚马逊刊登图片的要求。

5.商品发布准备时,需要准备好哪八个方面的工作?

6.亚马逊商品页面标题长度不能超过多少个字符?

7.亚马逊变体商品一般有几个属性?

8.请写出在刊登商品描述时,后台编写主要使用的分割和加粗代码。

9.亚马逊刊登时合规信息主要是填写什么内容?

10.北美市场使用的 UPC 码通常是多少位?

第六章 FBA 物流管理

本章要点

- 什么是 FBA
- FBA 头程
- FBA 仓和第三方海外仓
- FBA 包装
- FBA 发货操作

第一节 什么是 FBA

对于跨境电商来说,物流是非常重要的一环,它关系到买家的服务体验。发货给国外买家往往需要比较长的时间。如果 FBA 卖家不能保证买家在承诺的时间内收到包裹,那么就会引起纠纷,严重的话会影响卖家的声誉。怎样才能降低这种风险呢? 卖家可以选择 FBA。

一、FBA 的含义

FBA 的英文全称是"Fulfillment by Amazon",即亚马逊物流,是亚马逊提供的代发货业务。即卖家先将商品发往亚马逊 FBA 仓,再由亚马逊提供仓储、拣货打包、配送、收款、客服、退货处理一条龙的物流服务,同时,亚马逊会收取一定的费用。举个例子,如果卖家商品的主要销售市场在美国,那么卖家可以选择将货物发到亚马逊在美国的 FBA 仓。

二、FBA 对买卖双方的利弊

1. FBA 对买家的利弊

对买家而言,选择 FBA 是极有好处的,具体表现在以下几方面。

(1)缩短收货时间。亚马逊有多年丰富的物流经验,仓库遍布全世界,有强大的、智能的、快捷的物流体系,能够缩短客户的收货时间,提高购物体验,客户更愿意选择使用 FBA 发货的商品。

(2)有全天候的亚马逊专业客服,客户购物体验更佳。

(3)商品更有保障。有些买家可能不愿在第三方卖家店铺购买商品,但会比较相信 FBA 商品。而能进入 FBA 仓的商品,经过卖家挑选,也有亚马逊把关,质量更有保障。

(4)FBA 商品会不定期做包邮促销活动,买家可以享受更优惠的价格。

(5)买家如果对购买的商品不满意,可以把商品直接退到亚马逊 FBA 仓。

选择 FBA 对买家而言,几乎没有什么弊端,没有什么不利之处。

2. 选择 FBA 对卖家的利弊

(1)对卖家好的影响如下。

①可以减少某些方面的成本。卖家选择FBA,可以借助强大的亚马逊物流体系解决常见的物流瓶颈问题,能减少时间成本和配送成本。

②可以提高流量与转化率。卖家选择FBA,可以提高商品曝光率,有助于提高商品排名,增加商品获得黄金购物车的可能性,能让商品被更多的买家选择,提高买家的信任度,提升用户体验,增加商品销量。

③FBA所导致的任何由物流带来的中差评可以由亚马逊移除,减少卖家的客服成本,对店铺的升级也有帮助。

(2)对卖家不好的影响主要如下。

①每月都需缴纳仓储费。FBA虽然可减少卖家的时间成本和配送成本,但FBA的仓储费用也不便宜。

②FBA头程费用高。FBA仓库不会为卖家的头程发货提供清关服务,当然参与了亚马逊龙舟计划的除外。

③商品在卖家的控制之外,失去发货、退货的操控权。下了FBA订单的买家如果对收到的商品不满意产生退货情况,只支持退回当地FBA仓,卖家无法跟进售后情况。

④客户退货率高,商品坏损率高。FBA仓在收到FBA订单退货后不会做商品损耗程度的鉴定,而是直接做退货退款处理。被退回的商品是原路退回给卖家还是销毁,由卖家决定,但造成的损耗大部分也由卖家自己承担。

通过以上分析可以清楚地看到选择FBA的利和弊。但FBA是亚马逊买家比较认可的物流方式,总体来讲,选择FBA对大部分卖家来说是利大于弊的。

三、适合使用FBA的商品类型

那究竟哪些商品适合使用FBA?是大件商品还是小件商品?是价格昂贵的商品还是价格便宜的商品?拥有以下特点的商品非常适合使用FBA。

(1)商品质量、性能过硬的商品。这样的商品一般不会出现退换货情况,可以很大程度上减少卖家损耗。

(2)体积小、利润高的商品。商品体积小,易于运输,可以节约成本。但需要提醒的是,商品售价不宜设得过低。因为由FBA发货会产生相关的手续费和各种交易费用,如果商品售价过低,利润也会降低。建议发FBA的商品的售价定在6美元以上。

总体来讲,FBA适合那些经营质量过硬、体积小、利润高的商品的中小卖家。对其他商品而言,使用FBA的优势就不太明显。

四、FBA费用的计费公式

FBA费用是卖家很关心的一个问题,发FBA时除了会产生头程费用以外,使用FBA仓储也会产生相关费用。FBA总的费用公式为

FBA费用＝物流配送费用＋月仓储费用＋库存配置服务费

(1)物流配送费用即使用FBA发货时亚马逊收取的费用,一般按件收取。每件收多少费用又跟商品的重量、尺寸有关。而且物流配送费用在不同时期都会有调整。比如亚马逊北美站调整了配送费用,规定自2020年2月18日起,"订单处理费""取件及包装费""首重和续重费"将合并为一项——配送费用(按件收取)。

对于欧洲站的物流配送费用,已有店铺的卖家可以在欧洲站店铺后台搜索查看。未开店的卖家可以登录全球开店网站(https:；amazon.cn/),了解亚马逊物流费用。

(2)月仓储费用。亚马逊的商品根据尺寸划分,可以分为标准尺寸和超标准尺寸;据性质划分,可以分为媒介商品和非媒介商品。卖家销售的商品绝大部分都是属于标准尺寸的非媒介商品。当卖家使用 FBA 发货时,用 FBA 仓服务就需要交 FBA 仓租,每月按体积(立方英尺)并据比例收费,每年也会有 1 次或 2 次调整。

对欧洲站的仓储费收费标准,已有店铺的卖家可以在欧洲站店铺后台搜索查看,未开店的卖家可以登录全球开店网站,了解亚马逊仓储费用。

(3)库存配置服务费。这项费用也就是合仓费用。当卖家将发货方式转换为 FBA 发货时,亚马逊会将卖家的商品随机分仓到 1~3 个仓库。亚马逊默认是分仓的,如果卖家觉得分仓会增加自己的头程费用,在转换为 FBA 配送方式之前可以先设置合仓。也就是说,如果没有设置合仓就不用出这笔库存配置服务费,设置了合仓才需要收取,是按件收费的,具体费用取决于选择的目的地数量。

五、FBA 限制商品

那么,卖家选好的商品 FBA 仓都会接受吗？当然不是。如服装箱包、图书影像、电器数码、户外运动、钟表首饰等普通商品是没有问题的。但像一些易燃易爆的危险品,不符合包装要求的、存在残损或缺陷的商品是不能用 FBA 发货。在亚马逊的 FBA 限制商品中提到,卖家如果不遵守亚马逊物流商品封装要求、安全要求以及商品限制条件,可能会遭到拒绝处理和退货,日后的配送遭到阻止,或者对额外的封装工作及违规行为收取额外的费用。

六、发 FBA 前需要注意的事项

(1)卖家在后台先将需要发往 FBA 仓的商品进行运输方式的转换。

(2)需要精确填写商品的重量和包装尺寸。因为这会影响后续 FBA 的费用,出入太大的话 FBA 仓会重新核算。但如果卖家把商品的重量和包装尺寸写大了,FBA 仓未必会做更改,这样卖家就要多承担费用。

(3)按照物流要求要贴好商品标签和外箱标签。建议用激光打印机打印标签,注意标签与实际物品相符。

(4)后台 FBA 发货数量最好跟实际相吻合,如果实际发货数量比后台填写的数量多,亚马逊只会承认后台填写的数量。

(5)FBA 采用红外线扫描入仓,计重也极其精确,卖家在发货前需要格外注意,尽量不要让运输的包裹重量超过 50 磅(约 22.7 千克)。

第二节　FBA 头程

只有当商品抵达 FBA 仓后 FBA 仓才会提供服务,商品从出厂到进入 FBA 仓这段路程,需要漂洋过海,途中出现的任何问题都由卖家负责。

一、FBA 头程的概念

FBA 头程是指商品从工厂到目的地（亚马逊 FBA 仓）的整个运输流程，中间包括清关、缴纳关税等。头程处理起来比较烦琐，卖家该如何解决这个问题呢？中国卖家选择的海外 FBA 仓一般集中于欧洲、日本、北美等国家和地区，卖家可以根据这些海外 FBA 仓的地址、货物的体积和重量、时间要求来选择不同的运输方式（如海运、空运）。

二、FBA 头程运输方式

1. 空运方式

（1）空运的流程与时效。空运的整个流程为：国内提货→国内机场出发→空运到目的港→分区派送至 FBA 仓。众所周知，空运是比较快的，但费用也会很高。

（2）空运涉及的费用。空运涉及的费用包括运费、关税。其中，运费是主要费用。使用不同的国际物流发货，费用也是不一样的。卖家可向国际物流公司咨询具体的费用，同时，国际物流公司也会根据 FBA 仓具体的地址、商品的体积和重量来核算价格。

通过国际物流公司进行 FBA 头程运输也有可能会产生关税，不同国家有关进出口货物的关税政策是不一样的，在不同时期也会有所调整。比如美国，它的海外进口物品的免税额原来是 200 美元，但从 2016 年 3 月起调到了 800 美元，只要进口物品的申报价值没有超过 800 美元，就不会产生关税。免税额提高了，对中国卖家来讲，也是一个很好的发展机遇。

2. 海运方式

（1）海运的流程与时效。海运会涉及清关问题，以个人名义是很难通过的，一般都是以公司名义。海运的出口方式包括整柜出口、散货出口、散杂船出口、滚装船出口。其流程为：卖家准备 FBA 商品及相关单证→订舱→放舱→安排拖车→安排报关→确认放行→快递给 FBA 仓。相较于空运，海运的性价比是比较高的，但时效也是非常慢的。据悉，从中国到美国，最起码需要花费 25 天时间。如果是大卖家且对时间没有太高要求，商品也不会因为受潮而有所损坏的话，可以选择走海运。

（2）海运涉及的费用和单证。海运涉及的费用包括运费、税金、报关费用、舱租、柜租等。当然，具体的操作费用，卖家可向清关公司咨询，清关公司也会根据 FBA 仓的具体地址和运输商品的体积、重量来核算价格。同时因为货物的不同，要求提供的清关资料也会有所不同。卖家需要提前准备好单证资料，基本资料包括提单、合同、装箱单、发票等。

卖家在走 FBA 头程前，可以先了解选择的 FBA 仓所在国家的进口政策与贸易壁垒，为 FBA 头程运输做足准备工作。

三、常见的国际物流公司

目前较为知名的国际物流公司有 DHL、UPS（UPS 是亚马官方推荐的物流服务商）、FedEx、TNT 等。这些公司无论是在时效、价格、服务方面还是在清关能力方面都有较大的优势。所以，以上几家知名国际物流公司是目前中小卖家最常选择的。

第三节　FBA 仓和第三方海外仓

为了提高买家的购物体验,亚马逊卖家可以提前将商品发往 FBA 仓或者第三方海外仓。二者同属于海外仓,作为亚马逊卖家,该如何考虑选择呢?

一、使用 FBA 仓与第三方海外仓的相同之处

(1)二者都需要卖家提前备货,都具有丰富的仓储管理经验,无须卖家操心仓储与配送问题。

(2)二者都可以缩短配送时间,提升客户的满意度,对店铺的销售额增长有帮助。

(3)二者都需要卖家批量发货,发货的方式一般选择空运、快递、海运,能有效避免物流延误。

(4)二者都可以为买家提供退换货服务。

(5)无论是选择 FBA 仓还是第三方海外仓,卖家每月都需缴纳仓租费物流费用和其他费用。

(6)商品在卖家的控制之外,但二者都提供客服功能,让卖家知悉库存情况。

二、使用 FBA 仓与第三方海外仓的差异之处

1. 选品范围的差异

FBA 仓对选品的尺寸、重量、类别有一定程度的限制,所以选品偏向于体积小、利润高、质量好的商品。

如果是选择第三方海外仓,选品范围比 FBA 仓要广一些,像体积大、重量大的商品也能找到合适的第三方海外仓。换个说法,即能进入 FBA 仓的商品必定能进入第三方海外仓,但能进入第三方海外仓的商品不一定能进入 FBA 仓。

2. 头程服务的差异

FBA 仓不会为卖家提供头程清关服务。部分第三方海外仓服务商会给卖家提供头程清关服务,甚至还包含代缴税金、派送到仓的一条龙服务。

3. 对商品入仓前要求的差异

FBA 仓的入仓要求较为严格,需要卖家在发货前贴好外箱标签及商品标签,如果外箱或商品标签有破损的话,会要求卖家先整理,然后才能进入 FBA 仓。另外需要提醒的是,FBA 仓也不提供商品组装服务。

第三方海外仓的入库要求不会像 FBA 仓这么高,甚至会提供上架前的整理组装服务。

4. 对商品入仓后分配的差异

亚马逊是默认分仓的,往往会将卖家的商品分散到不同的仓库进行混储,而第三方海外仓一般会将同一卖家的货物放在同一个仓库集中管理。此外,FBA 仓只供亚马逊平台上的卖家使用。而第三方海外仓则没这种限制,只要卖家有货,无论在哪个平台售卖,都可以租用。此外,第三方海外仓还具有中转作用,如果卖家同时使用第三方海外仓与 FBA 仓,旺季时可以直接从第三方海外仓调货到 FBA 仓,节省时间。

5. 仓储成本的差异

选择海外仓的成本都不低。一般来说，如果货量大的话，使用 FBA 仓的成本要高于第三方海外仓的。不过，进入 FBA 仓的商品，卖家可以通过提高商品单价来分摊仓储成本。如果是进入第三方海外仓的，可以降低商品价格来吸引客户。

6. 对商品推广支持的差异

选择 FBA，亚马逊平台会增加卖家商品的曝光度，如提高卖家商品的排名、帮助卖家抢夺黄金购物车等，这些都有利于提高卖家店铺的流量与销量。如果是选择第三方海外仓，第三方海外仓服务商不可能像亚马逊那样，给卖家的商品提供平台或在平台上增加商品的曝光度。卖家需要自己做站内、站外的推广来提升店铺的业绩。

7. 对发货后商品的差评处理的差异

如果使用 FBA，因物流导致客户留下中、差评，亚马逊可以移除中、差评，卖家无须操心。如果使用第三方海外仓，因物流引起的中、差评，第三方海外仓服务商则不能提供售后与投诉服务，就算提供了，也不一定能够成功移除客户留下的中、差评。

8. 货物存放风险的差异

将货物放在第三方海外仓，都存在潜在的安全风险。放置在 FBA 仓中，其安全与亚马逊账号安全相关联。如果卖家在亚马逊上销售的商品出了问题，账号被关闭的话，那么放在 FBA 仓的货物也会被暂时查封。如果是存放在第三方海外仓的话，则不用担心会有这种风险。

不难看出，无论是选择 FBA 仓，还是第三方海外仓，都有各自的长处与短处。卖家可以根据自身的实际情况进行选择。

第四节　FBA 包装

随着互联网的发展，网购已经成为人们重要的购物方式。买家收到的互联网包裹越来越多，对于包裹的好评和差评也越来越多。身为亚马逊卖家，如果只关心商品的质量、价值和优点而不关心商品包装是不行的。那么，如何在降低买家拆包装难度的同时又能保证包装完好、安全呢？这里讲一些包装技巧。在了解包装技巧之前，先来了解一下包装的材料。

一、包装的材料

1. 包装商品所需要的材料

（1）包装材料：包括纸箱、泡沫箱、牛皮纸、文件袋、编织袋等。

（2）填充材料：包括废纸、气泡膜、气泡柱、颗粒泡沫、泡绵等。

（3）封箱工具：包括胶带、胶纸、小刀、剪刀等。

2. 如何挑选包装材料

（1）挑选与商品尺寸、属性相符的包装材料。商品在长途运输时，外包装难免会因为受到外力的作用而产生变形。所以，我们要注重商品外包装质量与抗压强度，外包装的大小要适合商品尺寸，如果挑选的箱子大了，会提高运费成本、浪费填充物，如果挑选的箱子小了，则没办法封箱。在商品的外包装材料中,又以纸箱包装最为常用,通常有三层、五层、七层的纸箱,强度以三层最弱、七层最高。像服装、箱包这类不怕压也不易碎的商品,建议用三层箱;而数码、电器等贵重物品,建议用五层箱,再配以气泡膜包装或填充,以确保商品在运输途中的安全。

(2)要选用品质好的包装材料。虽然节约是美德,但一些卖家却使用回收材料,使用回收的纸箱来包装还是不妥的。因为这种纸箱可承受的压力往往已经大大降低,如果再次使用,未必经得起长途运输,可能会破损进而令商品受到影响。如果再遇上雨雪天气,还可能会污染商品。所以,建议大家不要使用有裂痕的二手包装材料,同时也尽量不要使用失去耐力的泡沫纸来填充或包裹商品。

二、如何包装商品

其实打包商品的过程很简单,找好材料,进行包装、封箱即可。不过,卖家要确认商品重量是否超过箱子的使用限制,并利用填充物将空隙填满,以避免在运输途中产生箱内碰撞,但也不要让箱子鼓起来,同时也建议用宽一点的胶带,以十字交叉方式进行封箱,如果商品是比较重的,可以在封箱前在箱中放入加厚的纸板。

三、特殊商品的包装技巧

1. 节假日礼物的包装技巧

在不同的节日中,比如新年、圣诞节等,卖家除了要重视配送的时效以外,更要在意买家是否有特别的配送要求。注重细节的卖家,往往更容易获得买家的欢心,卖家除了按照买家的要求包装以外,也可以再花点心思,比如加上节日元素,附上小卡片或小礼品,给卖家制造惊喜。当然,如果买家要求使用的包装材料比较贵,卖家可以要求进行有偿服务。

2. 高价位、体积小的商品的包装技巧

假如买家购买价值高、体积小的商品,比如首饰、钟表等,买家肯定希望卖家能配个高档的包装盒。同时卖家也要注意,不要用太小的箱子邮寄商品,因为太小的箱子在运输过程中容易被漏,也不要在外包装上标示价格。另外,为避免发生不必要的纠纷,最好让买家亲自验收、签字以确认收货。

3. 其他特殊商品的包装技巧

(1)电脑、手机等电子商品。这类商品要做好防水,最好使用原厂包装。如果是电子元件,应该使用抗静电包装,不要用颗粒泡沫、牛皮纸和报纸包装。

(2)家用电器。这类商品除了要用加厚的箱子作外包装以外,箱内也需用泡沫板等来防止边角碰撞屏幕。

(3)玻璃、收藏品等易碎品。这类商品外包装箱必须足够大,多件商品放在一起,应该先单独打包,也要有足够多的缓冲材料,以确保商品不会相互碰撞,并在外包装箱标"易碎"的标识。

另外,还有一种情况也值得注意,假如卖家需要将多个商品放在同一个较大的包装箱中,可以在包装箱中内置多个小箱子,再将相同的商品放置在同一个小箱子内,这样可以最大限度避免出现因商品混装产生的挤压问题。

四、不同商品在不同环境的包装技巧

每家快递公司每天都要处理成千上万个包裹,而卖家发出的包裹从被收走到被签收的这

个过程,需要经过多次中转,可能存在被运输人员野蛮对待的情况,或者经历恶劣的天气环境。所以,卖家在发货前需要充分考虑商品对外部不同环境(如温度、温差、时效)的适应能力。比如:发电子商品,就要考虑防潮防水;发食品,则要控制好温度与发货时间。

五、发货前的其他注意事项

(1)卖家在封箱之前,应放入与商品相关的销售单发票。如果商品本身没有以买家所在地语言写的商品介绍,可能会导致买家不知道如何使用商品,那么卖家可以附上翻译。

(2)卖家在邮寄商品之前,要仔细核对买家的地址、电话等信息。如果是发大件的商品,建议在箱子外侧张贴地址,如果批量装箱,发送的每箱货要标记当前的箱号及总箱数。

六、FBA 包装须知

如果卖家是往 FBA 仓发货,更需要注重商品的包装。卖家可以在亚马逊店铺后台阅读包装与货件的准备要求,具体如下。

(1)对于散装商品。每件商品包括多件式套装图书,都必须单独、牢固地包装。亚马逊不接受要求亚马逊帮忙组装多个部件的商品。

(2)对于成套销售的商品。成套商品必须在其包装上标注套装标记。在商品上添加明确表明套装商品将作为一件商品接收和销售的标签。例如,"成套销售""准备发货"或"这是套装商品,请勿拆分"。

(3)对于盒装商品。盒装商品必须为六边体,必须具有无法自行轻松打开的开口或盖子。如果包装盒可以自行轻松打开,则必须使用胶带、胶水或卡钉将其封闭。

(4)对于塑料袋包装商品。此类商品需要提供警告信息,将警告信息打印在塑料袋上,或以标签形式贴在塑料袋上,打印的标签尺寸也有相应的要求。

(5)对于使用原厂包装发货的商品。对于此类商品,卖家必须移除或覆盖装运箱上的所有可扫描条形码。只有箱子内的商品才能有可扫描的条形码。

(6)对于存在有效期的商品。存在有效期的商品必须以 36 号以上大小的文字在大箱上标注有效期,且需在单件商品上标明有效期。仅有印刷批号是不够的,有过期日期且要求进行额外准备工作(如玻璃瓶或玻璃罐)的商品必须小心包装,以确保亚马逊在收货期间可以查看过期日期。

七、买家收、拆包裹的小技巧

(1)买家收到包裹时要仔细查看商品包装是否有破损或者拆封的痕迹,如果有的话,拒收、拍照或与卖家直接联系。

(2)买家拆包裹时不要用蛮力,要有技巧地割开封胶,可以提前备好小刀或剪刀。卖家在商品包装上用心了,买家是能感觉得到的。

第五节　FBA 发货操作

发 FBA 的好处是非常多的,它是推广新品、提高销量、抢占黄金购物车的一个好手段,所以很多亚马逊卖家都会选择发 FBA。对于新手来讲,刚开始操作 FBA 时,因为缺少经验,会遇到一些问题。因此,下面给大家介绍一下如何进行 FBA 发货实操。

(1)点击"设置→亚马逊物流→亚马逊物流商品条码首选项",选择亚马逊条形码而非制造商条形码,如图 6-1 所示。

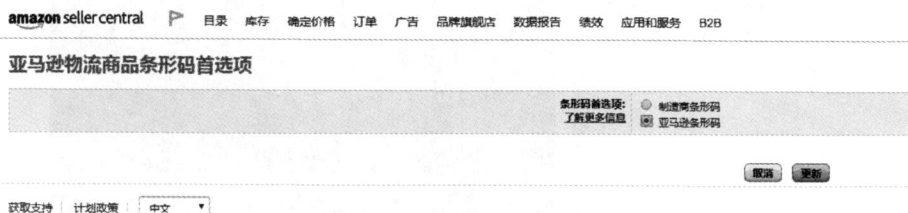

图 6-1 选择"亚马逊条形码"

(2)进入管理库存,将要发往 FBA 的商品勾选,选择"转换为'亚马逊配送'",如图 6-2 所示。

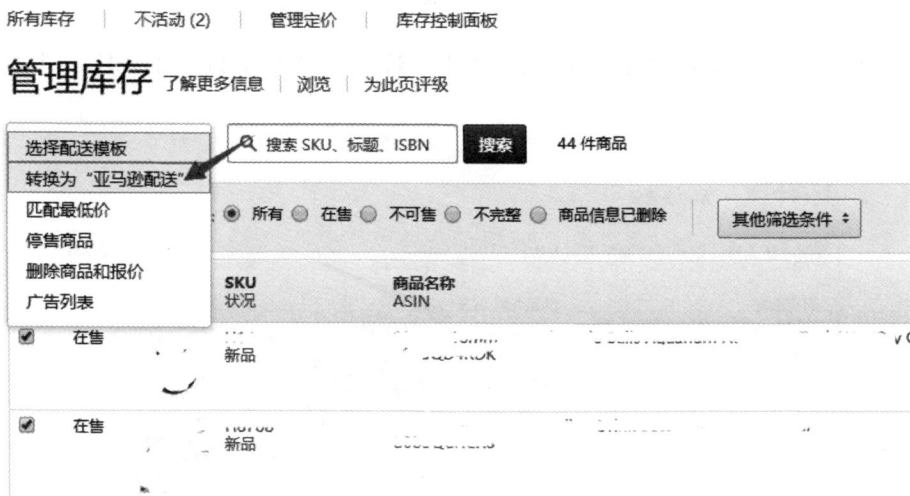

图 6-2 选择"转换为'亚马逊配送'"

(3)选择拒绝贴标服务。如果选择接受亚马逊贴标服务,卖家需要支付高额的费用,所以卖家可选择拒绝贴标服务,在发货之前自行粘贴亚马逊自动生成的条形码,如图 6-3 所示。

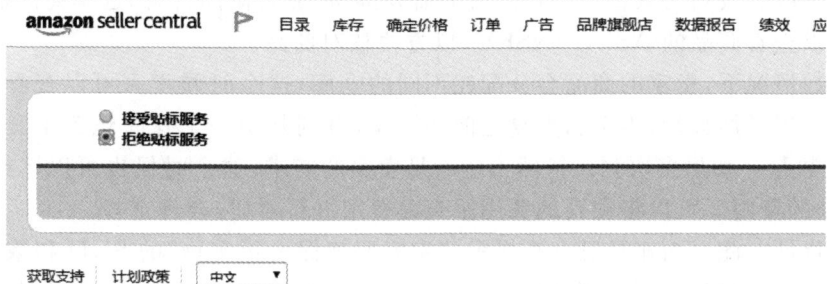

图 6-3 选择"拒绝贴标服务"

（4）转化并发送库存，完成危险品调查，点击"保存并继续"，如图 6 - 4 所示。

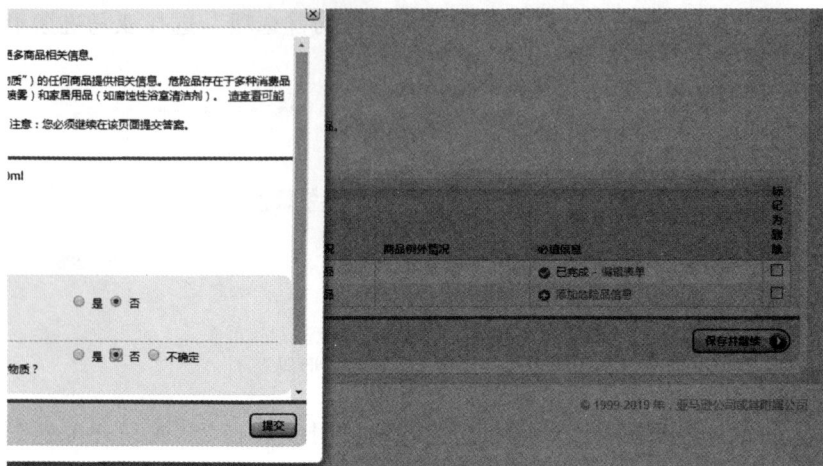

图 6 - 4　点击"保存并继续"

（5）添加发货地址，尽量跟营业执照的地址一致。超过 2 个以上的 SKU 选择"混装商品"，如图 6 - 5 所示。

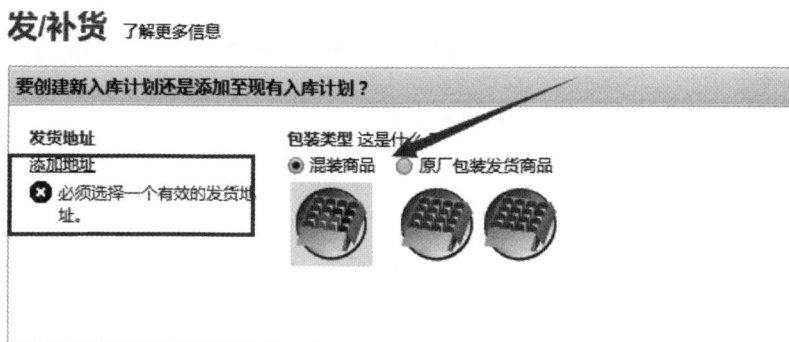

图 6 - 5　选择"混装商品"

（6）根据实际情况完善包裹尺寸及数量，如图 6 - 6 所示。注意这里是单个 SKU 的商品尺寸。

（7）如果"继续"按钮为灰色，则检查"可能需要准备"完善商品信息，选择商品适用的分类。当然，依然可以查看商品的 ASIN/FNSKU，以方便核对商品。

（8）大多数情况下，卖家的商品会分配在不同的仓库，这个时候卖家可以查看具体仓库的商品及数量，适当增加数量，再重新重复之前的操作，直到其中一个仓库包含了卖家所有要发货的 SKU 及数量。如果多次测试依然不能满足卖家的需求，这个时候也可以选择锁仓，但是锁仓需要额外的费用。可以将锁仓的费用跟头程费用进行对比，合理选择。

（9）准备货件。此页面亚马逊会有提示："卖家要确保发货实物"的 SKU 和数量完全与创建时填写的一致。即"卖家要对商品品种和数量进行核对"，以保证不选错和发错商品。

（10）选择运输服务。运输方式分为小包裹快递（SPD）和汽运零担或整车运输（LTL/FTL）两种方式。

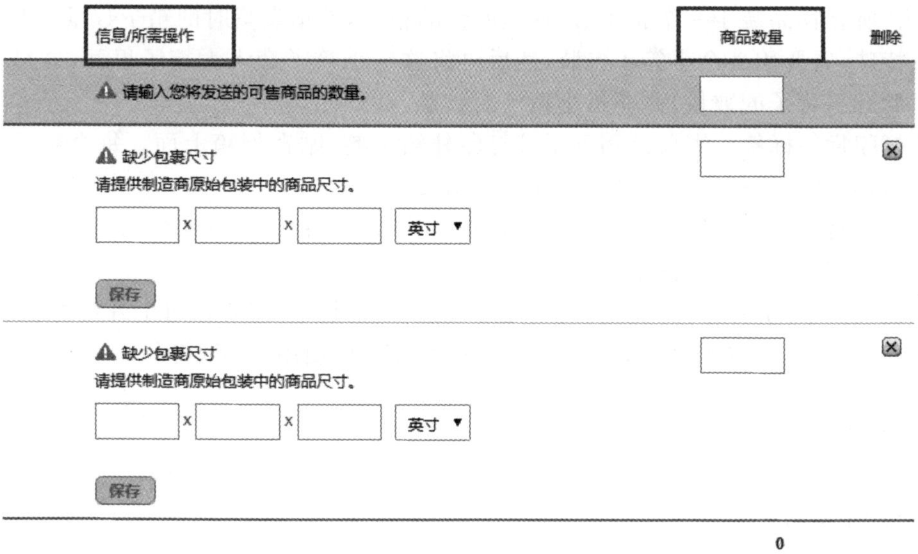

图 6-6　完善尺寸及数量

①小包裹快递是指用单独箱子包装的商品,用配送箱单独贴标配送,其必须满足以下要求。

A. 所有箱子必须贴有亚马逊物流货件标签和承运人标签。

B. 箱子重量不得超出 50 磅,除非其中包含单件重量超出 50 磅的大件商品。

C. 箱子任何一侧的长度均不得超过 25 英寸。

②汽运零担或整车运输是指将箱子固定在已贴标的托拍上进行运输。对于汽运零担,货车上可能还装有运往其他目的地的货件。如果货件符合整车运输的要求,货件将直接运往运营中心。汽运零担和整车运输配送方式需要进行配送预约。通过货车运输商品时,必须遵守以下货件包装要求。

A. 一个托拍上的所有箱子必须具有相同的货件编号。

B. 总货件重量必须不低于 150 磅。

C. 单独包装的托拍重量不能超过 1500 磅。

D. 必须使用 GMA 标准达到 B 级或更高级别可 4 面打开的 40 英寸×48 英寸木制托拍。

E. 托拍上的箱子不能伸出托拍超过 1 英寸。

F. 必须用塑料或拉伸膜将箱子固定到托拍上。

G. 重量超过 100 磅、长度超过 80 英寸或宽度超过 30 英寸的商品必须单独放在一个托拍上。

H. 如果多个箱子成套销售且总重量超过 100 磅,则必须单独放在一个托拍上。

I. 确认为可堆放的托拍可由承运人堆放。

运输方式一般是默认填写"小包裹快递",承运人一般默认填写"DHL EXPRESS(SUA)INC"。

(11)设置箱子信息。卖家创建的一批货如果商品数量比较多,需要使用多个箱子来发货,在箱子总数里如实填写箱子数量。

如果是多个箱子一起发货的,则选择"多个箱子"。如果使用单个箱子发货,就将"多个箱子"更改为"所有物品装于一个箱子"。这里所说的箱子,是指发货时的箱子数量。假如卖家的商品比较特殊,需要用多个小箱子包装,然后再将这些小箱子套入大箱子里面,这里的箱子的数量是指所有大箱子的数量,并非指小箱子的数量。

(12)打印货件标签。需要使用不干胶打印外箱标签,贴在外箱上面。每个箱子上的标签都是唯一的,而且必须打印所有箱子的标签并粘贴。

(13)录入物流单号。以上步骤完成后,装箱完毕,将货物交给货运公司,发往 FBA 仓。卖家需要在"一览"里面录入运输单号。

一般情况下,每个外箱的实重不能超过 50 磅。如果超重,需要在每个外箱的外面打上"超重"的标签。超重标签主要起到提醒作用,无特别要求,可使用 A4 纸打印。

课后习题

1. 阐述 FBA 的定义。

2. 简要阐述 FBA 的利弊。

3. 哪些商品适合使用 FBA?

4. 亚马逊北美站最低的配送费用是多少美金?

5. 阐述 FBA 头程的定义,以及常见的两种头程运输方式。

6. 阐述使用 FBA 仓库与第三方海外仓的不同之处。

7. FBA 发货时,在什么情况下需要选择混装发货选项?

8. FBA 外箱如果超过多少重量需要打上超重标签?

第七章　亚马逊 Review

本章要点

- 什么是 Review
- 如何获取更多 Review
- 亚马逊 Review 政策解读

作为有经验的卖家,大家都知道在一条商品页面的打造过程中,商品 Review(评价)起着非常重要的作用:一条新建的商品页面往往会因为没有 Review 而造成订单转化率不高,一条 Review 星级不高的商品页面在爆款打造过程中也会显得很尴尬……

第一节　什么是 Review

亚马逊 Review,从字面上理解,我们把它翻译成"留评",也就是顾客购买了商品之后留下的商品评价。Review 的发生条件其实并没有太多的限制,任何亚马逊平台上有注册亚马逊买家账户的用户都可以对商品的商品页面做出评价,都可以对自己感兴趣的商品页面发表 Review。当然前提是该买家账号曾经在亚马逊平台上至少有过一次的购买经历。

很多新手对于 Review 和 Feedback 也往往容易混淆,其实 Review 的归属对象直接就是商品页面本身,买家留下的 Review 将直接展示在商品页面下方。另外,Review 评价的内容只能针对商品本身,跟卖家的服务水平、物流时效一点关系都没有。

通常情况下,在买卖双方没有干预的情况下,亚马逊不会主动移除掉 Review,但为了客观和真实地反映商品页面的准确信息,亚马逊平台的自检系统会随机地对商品 Review 做出检测,对于违规的 Review 系统会自动删除。

亚马逊 Review 常见类型有如下几种。

一、直评

直评,顾名思义便是直接评价,即买家不用购买商品,就可以直接对商品进行评论。亚马逊规则是允许没有购买的人也可以对商品进行评价,所以直评跟实际情况会有一定的偏差,也就导致了有部分人直接给某商品上了多条好评或差评,从而影响到部分权重,甚至影响销售。

本来直评的权重还可以,但后来乱刷直评的现象屡见不鲜,亚马逊就把直评的权重降低了。如今,即便刷了很多直评,对卖家的店铺星级、商品转化率作用也不大了。

二、VP 评论

VP(Vefified purchase)评论,简而言之就是亚马逊买家购买商品后,留下的最真实的评论,当商品评价被标示为"Verified purchase",标示着撰写该商品评价的顾客在亚马逊上购买了该商品。只有确认在亚马逊购买该商品的顾客才能在评价时加上此标签,因此它的可信度更高、更富有说服力,占有超级高的权重,VP 评论经常排在前面。

当然如果评价没有被标注为"Verified Purchase",也并不代表评论者没有使用过该商品,仅代表亚马逊无法确定该订单是在亚马逊上完成的。

卖家想获取更多的 VP 评论,应当多引导买家留下真实评价,增加获得 VP 评价的概率。

三、Vn 绿标评论

Vn 绿标评论在亚马逊 Review 中占有最高的权重,优质的 Vine Review 可以让卖家快速建立起商品可信度和品牌声誉。而 Vn 绿标评论的来源可追溯至亚马逊推出的一个组织——Vine Voice。受邀参加 Amazon Vine 项目的商品,将由供应商提供给亚马逊,然后再由 Amazon 官方将商品免费送给 Vine 评论员,要求他们撰写评论。这类评论就是带有 Vn 小绿标的评论。

相比于其他类型的评论,Vn 绿标评论的权重更高也更不容易被删除,但想获得这类评论,首先得有优秀的 Review Ranker,这是加入 Amazon Vine 项目的基础。

第二节　如何获取更多 Review

一、店铺自身优化

从自身角度出发,卖家首先要做到使自己所售商品与商品页面保持一致,降低消费者收到货品后的心理落差。

卖家可以调研、监测同行或同品类商品的 Review,看看别人评论里消费者反馈了什么问题,根据这些反馈去优化改进自己的商品和描述。可以提升自身服务体验,比如做好商品质检,提升商品物流包装,售前售后人工跟进消费者需求。这样做虽然不能直接获取好评,但大大降低差评率。

二、亚马逊默许评论手段

早期亚马逊提供付费评论帮助,一个 ASIN 收费 60 刀,可获得 5 个 Review,有专门的标识。前提条件是:品牌成功备案,ASIN 价格不低于 15 刀,Review 少于 5 个。

另外,还可以通过给亚马逊付费,让其邀请更有价值权重的 Reviewer(资深评论员)留评,但是这个方法成本比较高,且卖家不能与该 Reviewer 直接接触,好处在于评论含金量较高,适合预算充足想冲爆款的商家。

三、亚马逊 2019 更新官方邀评

亚马逊官方在 2017 年推出过"早期评论人"计划,推出当时,平台上卖家刷单风头正劲,而亚马逊也正在打击和整顿。但因为收费高以及留评的不确定性,反而让人觉得很鸡肋。

2019 年亚马逊再对 Review 政策做出了重大更新,这次动作之大前所未有,影响着 600 万的亚马逊卖家。

在"Refund Order"按钮旁边悄然多了一个"Request Review"按钮,就字面意思来看,就是"索要一个评论"。

亚马逊的这个功能具体怎么用?在功能介绍里是这样说的:"我们不需要你自己去找买家索评,我们将为你免费提供这个功能。如果你想要买家对这个订单进行评论,就按一下这个按钮,而不是去发邮件给买家。当你发起这个功能时,我们会帮你向客户发送电子邮件,要求他们评论;并且会自动将评论请求翻译成客户首选的语言。"

自动翻译语言还免费?不少卖家想马上去试试这个功能。如果真正实行,那对中小卖家实在太友好了。不止如此,在亚马逊的索评模板里不单单是要索要 Review,连 Feedback 也一起帮卖家要了。

目前,"Request a Review"按钮仅可用于一次,且只能在订单送达日期后 4 至 30 天内使用。如果卖家不止一次尝试提交审核请求,或者使用超出该 4~30 天范围的功能,系统将为卖家显示错误,不允许该请求。

对于这个"Request Review"计划,不少卖家在跃跃欲试,但是也有卖家在徘徊担忧。有卖家表示:"自己索评还可以稍微引导一下,现在大家都使用一样的亚马逊模板,一点感情色彩都没有。"也有卖家表示:"索评索评,又没规定索要来的一定就是好评。"根据以往的经验,站内索评好评不多,差评却不少,所以这个功能非常鸡肋。而且不确定的是,这个功能会不会后期开始收费?纠结于以上几点,表示担忧的卖家还真不少。

目前"Request a Review"功能还处于测试状态,只有部分美国站卖家可能看到,若测试通过将会全站点通行。

而在这个功能正式应用之前,卖家索评还是要只能靠自己。现在亚马逊实际没有明文规定卖家不能索评,只是说不能索取好评。在发邮件时,卖家要多使用中性词,不要使用类似"Review Feedback""Positive Review""5 Star Review"等敏感词就可以。

一些基本索评方式卖家还是应该了解一下的,这样也可以大幅度拉近与客户之间的距离。

①索评未动,恭维先行。例如:"亲爱的买家朋友,首先非常感谢您选择亚马逊这个优质的在线购物平台,同时也很感谢您对我们品牌的信任和支持,得到客户的肯定是每一个卖家的荣誉。"

②贴心关怀。我们在邮件中可以提供一些有用的小建议和说明,那么买家将会感受到商家的贴心,产生好感而更加高兴,从一定程度上会促进他们分享,给评论增色,说不定他们会成为卖家店铺的回头客。

③以退为进。例如:"我们希望对于您来说这是一次愉快的购物体验,如果您对商品有任何疑问都可以随时跟我们沟通。当然,如果您对商品有什么建议,也请您毫不犹豫地告诉我们,我们会详细记录和研究每个买家给我们提供的建议,这无疑能帮助我们更好地改进商品和服务。"

④抛砖引玉。例如:"如果您愿意的话,可以把您的购物体验或者商品的使用体验在商品页面上分享出来,您的建议会被更多的买家朋友们看到,同时能给他们提供一个客观的参考意见,这无疑是一件很棒的事情。"

索评邮件发送的时间节点可从以下三封邮件加以体现:

第一封感谢购买信的内容是告知用户订单即将抵达,在买家收货前 2 天,感谢用户的购买。

第二封索评邮件是在买家收到订单后的1～2天，买家此刻已经体验过购物的商品，而且时间也没有过去太久。在这个时间内，如果商品有问题，他们还会有时间跟卖家联系。

第三封催评邮件是在买家收到订单后的第7天，这是最后一次索评的机会，邮件内容可以人性化、有趣味性，不要过于模板，要注意措辞，避免出现催促的语气。

以上就是邮件索评的一些基本法则，也希望亚马逊这个"Request a Review"功能能够尽快被卖家应用，最终效果是好是坏，大家试过之后才能知道。

第三节 亚马逊 Review 政策解读

自2017年以来，尤其是2019年以来，亚马逊的测评环境越来越严峻，很多获取评论的老方法失效，获取评论的成本越来越高，发展到现在，亚马逊目前的测评环境不仅是针对卖家，同时也针对商品页面以及买家账号，主要表现形式有以下几种。

一、删评

亚马逊根据算法自动扫描后删除有刷单和操纵评论嫌疑的Review（有时候有可能会误删正常买家的Review）。

二、限评

商品页面短期内大量上评，亚马逊综合其他算法检测到后如果判定该链接有操纵嫌疑可能会暂停商品页面上评权限，即链接被限制上评论。

三、买家账号留评权限

在买家端，买家账号需信用卡/借记卡消费满50美金后才有留评权限。

四、Review 得分计算方法

亚马逊更新了Review综合得分计算方法，不再采用单纯的"数量×星级总和除以总Review数量×5星级"的平均统计方式了，因此很多卖家发现评论数量增加了但是评级分数却下降了，或者有些卖家商品来了差评后，做了几个好评却发现链接星级评分没有变化，或者变化不大。

五、封号和警告风险

在卖家端，亚马逊更新Review政策后，如果判定账号有刷单即操纵评论（Review Manipulation）嫌疑，会进行警告或者做出封号处理（被封号后，有些账号可以找专业的服务商申诉回来）。

六、违规变体

合并拆分变体玩法在部分类目失效，且风险高。不断有卖家反映店铺因违规绑变体被关或者链接做了变体，评论分开显示，评分没有改变等。2017年和2018年上半年是合并变体商品页面、增加Review数量的高峰，但是2018年下半年后"合并僵尸商品页面"浮出水面，亚马逊已经禁止违规合并,有的商品页面合并不久后就被解绑甚至导致关店。

七、直评

"没有购买也可以留评?"这是很多国内电商转型的卖家对亚马逊直评的疑惑。2018 年以前,很多卖家利用短期内大量上直评爆单法迅速打造爆款,一度滋生了一条直评产业链,但是2017 年下半年以来,不断有卖家因大量直评的违规操作被亚马逊关店,2018 年亚马逊严厉的评论政策出台后,美国站的直评以前能在链接上保留 1 个月以上,发展到 2018 年下半年以后直评 2～3 天内就被自动删除,保留久一点的,基本 1 周内会被自动删除。

八、买家号权重和健康状况

如果买家账号留评率高,比如一天 1 个评论或者很多个评论,那么很有可能该买家号会被限制上评,甚至被亚马逊警告且评论被亚马逊全部删除。目前流行的真人测评,虽然有真实的IP 地址、收货人、模拟的真实购买轨迹、真实信用卡下单,但如果买家号权重低、账号不健康,都可能和卖家号弱关联甚至多次的弱关联后导致强关联,不仅影响买家号,最终可能导致卖家账号被警告或者被关。

因此,卖家在了解平台政策的前提下需要把控风险,将风险降到最低。当然,平台合规化经营是长久趋势,需要卖家不断努力。

课后习题

1. 什么是亚马逊 VP 评论?
2. 亚马逊目前针对测评行为,推出了哪些具体的举措来进行限制?

第八章 亚马逊 Listing 打造

本章要点

- 标题
- 五行描述（Bullet Point）
- 搜索词（Search Terms）优化技巧
- 商品图片

第一节 标题

在亚马逊搜索排名中，商品标题是非常重要的一个因素，它是吸引顾客上门的第一要素，更是后续营销、推广、引流的基础。做好商品标题，就能大大提高成功销售的概率。如何拟定标题？什么样的标题才算是好标题？如何准确地找到商品的核心关键词呢？下面就来说说商品标题的自建技巧。

一、商品标题的七大必要因素

一般来说，亚马逊上的商品标题主要包括七大要素：品牌、商品名称、商品系列或型号、材料或主要成分、颜色、尺寸及数量。在拟标题时，要将这些要素清楚准确地表达出来，尽量让标题中的每一个词都可以正确地被搜寻，提高出现在搜索结果内的概率。

二、商品标题的规则

（1）为了改善买家的购物体验，亚马逊规定，从 2015 年 7 月 15 日之后，亚马逊卖家所创建的商品标题不能超过 200 个字符。

（2）不能有特殊字符（如 $，＊ 等），不能使用中文输入法输入任何内容。否则，标题里可能会出现乱码。

（3）每个单词的首字母大写（a，an，and，or，for，on，the 之类的词除外）。

（4）商品标题中不能有商标符号。

（5）不能有公司、促销、物流、运费或其他任何与商品本身无关的信息。

（6）商品名称不能有自己的 SKU 号码或者其他编码。

（7）如包含批量销售，要在商品名称后面添加"pack of X"。

（8）如果商品有多用途，只能写一种用途或兼容信息，其他的在"Bullet Point"（五行描述）或者"Description"（长描述）里填写。例如某电池适用于某电脑的各种机型，不能写超过两款机型。

(9)珠宝类商品的名称中要有材质信息(Metal Type、Material Type),德国站需要额外填写此类商品的出品季和年份款式(Season、Model Year)。

(10)非服饰类商品有不同颜色的,要单独创建一个新变体,品名里面写清楚颜色,不能把几个颜色混写在一起,不能随机发货。

(11)服饰类商品命名规则。①父商品命名规则:Brand ＋ Department/Target Audience ＋ Product Name/Style。②子商品命名规则:Brand ＋ Department/Target Audience ＋ Product Name/Style＋Size/Style＋Color。

(12)鞋类商品命名规则(包括手包、钱包、皮带、眼镜等商品)。①父商品命名规则:Brand ＋Gender/Age Group＋Product Line＋Material＋Shoe Type。②子商品命名规则:Brand＋Gender/Age,Group＋Product,Line＋Color＋Material＋Shoe,Type＋Size。

三、标题优化

1. 好标题的特点

什么样的标题才是好标题? 一般来说,一个好的标题,应该包含品牌名(也就是商标,防止被别人跟卖)、核心关键词(最直接的搜索流量来源)、适用范围(准确引导目标客户的正确购买行为)、商品特性(材质、尺码、颜色、特点等)。除此之外,好的商品标题还具备以下特点。

(1)好标题必须符合商品所面对的消费群体以及受众的搜索习惯和语法习惯,因为投其所好方能收获芳心。

(2)好标题的主体部分,一定是简洁清晰地表达了"我要销售什么",让消费者一眼看上去就有很清晰的认知,知道该商品是什么商品。这样的标题,消费者进入店铺的转化率也就会更高。

(3)好标题中的关键词一定是和商品紧密相关的,这样的标题可以最大限度地为卖家的商品吸引流量和增加曝光率。

(4)好标题里的关键词还有利于搜索引擎的抓取。

(5)在满足亚马逊规则的前提下,能够激发买家点击欲望的标题、能打消买家购买顾虑促使买家购买的标题、能迎合亚马逊算法促进曝光率提升的标题都是好标题。

2. 注意事项

(1)切记不要放不实的商品标题来提升搜索率,因为就算客户搜到了,这些点击也不会转化成销售。 即便运气好转化成了购买行为,消费者在收到货后发现和标题描述不符,也会发生退货情况,甚至可能会被投诉,这样对卖家有百害而无一利。

(2)关于品牌名,万不可想着"借势"而去拿别人的来用。因为这种行为构成了侵权,随时可能会被投诉而导致账号被封。

(3)不可在标题内放卖家邮箱、电话号码等私人信息。

(4)关键词是商品的最直接体现,一定要把商品最核心、最精准的关键词体现在标题中。

(5)标题不能完全由关键词堆砌,除了关键词,还要考虑商品的特性词,这样能够让自己的商品和别人的商品有明显的区隔,吸引客户的注意。

3. 找到核心关键词的方法

文中不断地提到关键词,那既然关键词这么重要,下面我们就来谈谈找到商品核心关键词的方法。

（1）在亚马逊搜索框内输入关键词，系统即时提示的关键词就是核心关键词。用这些关键词再搜一下，在搜索结果前两页，如果都能看到同类商品的"Best Seller"就可以确认这些词就是核心关键词了。

（2）如果觉得还不够，还可以利用"Google Trend""Google Adwords"等关键字规划工具再次确认。

需要提醒的是，当商品的核心关键词能显示在搜索结果首页了，卖家一定要保证自己的商品在同类商品中有极具竞争力的价格，同时商品质量也要做好，这样配合上到首页后就会产生大量流量，卖家商品的销量就会大幅提升。

第二节　五行描述

亚马逊中所说的"Bullet Point"，中文译作"要点"，是卖家所销售的商品的关键特性，也就是商品的卖点，它能够让买家看上一眼就被吸引，从而决定进一步浏览和了解卖家的商品。

一、Bullet Point 真身

Bullet Point 主要用来罗列商品的主要卖点，可以包括以下内容。

（1）商品：具体是什么商品；

（2）商品尺寸；

（3）商品功能；

（4）商品特点及优势；

（5）运输时间；

（6）商品用途，比如可以作为某个节日的礼物等。

总之，要将买家可能会关心的问题以及商品与众不同的卖点罗列出来，一定要注意扬长避短。

二、Bullet Point 优化的好处

（1）Bullet Point 字数不多，阅读非常方便，而且简单易懂，方便买家快速了解商品。

（2）Bullet Point 更像是一个摘要，方便买家快速浏览，迅速地知道这个商品的功能、用处及特别之处。

（3）Bullet Point 就是商品的卖点，让顾客看上一眼就被吸引，是促进销售的关键。

（4）Bullet Point 具有以条款解释商品详情的性能。

（5）Bullet Point 可以展示客户有可能会产生疑惑的重要部分。

三、亚马逊关于 Bullet Point 的规定

（1）卖家可以在商品标题下列出商品的 Bullet Point，向买家展示商品的主要性能和优点。

（2）在亚马逊后台填写 Bullet Point 处可以看到有 5 行位置，这是亚马逊允许卖家填写的 Bullet Point 的数量，共计 5 条。当然，某些特殊类目可能会有其他的数量要求。

（3）"Bullet Point"栏目中可以填写100～500个字符。

四、如何优化 Bullet Point

在商品页面中,标题也是表现商品相关性能的要素,但是标题可表达的内容毕竟有限,卖家需要更充足的空间来才展示商品的优势,这正是 Bullet Point 的用处之所在。那么,该如何优化商品的 Bullet Point 呢?

1. 优化思路

总体来说,就是看怎么写 Bullet Point 可以迅速抓住买家的眼球,让买家快速阅读和理解卖家的商品,从而达到吸引买家、使其继续浏览进而进行购买的目的。

2. "黄金位"不可消费

不浪费,这是优化的前提条件。亚马逊既然给了卖家机会,那就好好利用,更何况它还处于"黄金地段"。为什么要强调这一点呢,因为大多数消费者在购买商品时看重的就是商品本身的用处、性能、优点、材料等,但是有些卖家直接将这些信息加到了商品描述(Product Description)里。

3. 注意格式,整洁清晰

能够在亚马逊上做商品优化其实是很受限的,所以只能尽最大可能地利用亚马逊提供的相关权限来使商品脱颖而出,帮助买家迅速地了解商品的优点,这就要求在写 Bullet Point 时,语言一定要简洁、清晰。

（1）每条 Bullet Point 的首字母大写。

（2）可以标注①、②、③等序号,增加描述的条理性。

（3）注意内容的主次顺序,一般由主到次、由简到繁。

4. Bullet Points 最大数

既然亚马逊给了卖家推销商品的权利,那作为卖家就一定要充分、明智地利用。比如,可以写5条 Bullet Point,那就不要只写3条。再比如,可以写500个字符,就不要随便写写应付了事,要尽可能多地去展示商品的有用信息。

5. 尝试多写一些关键词,吸引买家

可以将关键词看作是商品标题的补充,这样可以最大限度地展示商品的特点。但是,这里也并不是一个堆砌关键词的地方,否则买家不知道卖家想表达什么,所以一般要求使用简单的描述和术语。

在其他电商平台,买家需要翻到页面的下方才能查看商品的详情、了解商品的性能,亚马逊则是通过设置 Bullet Point,买家不用滚动鼠标就可以看到商品简短的介绍。最重要的是,Bullet Point 在很大程度上决定了买家是否愿意继续阅读页面上的其他信息。所以,亚马逊卖家一定不要轻视 Bullet Point。

第三节　搜索词优化技巧

当买家在亚马逊平台的搜索框里输入关键词进行商品搜索时,平台与之相关的 Title(标题)和 Search Terms(搜索词)都会计入搜索权重。也就是说,除了 Title 以外,Search Terms 也是优化商品搜索排名的重要因素,Search Terms 设置得好坏也会影响到搜索流量的高低。因此,下面将详细讲一讲关于 Search Terms 的优化技巧。

Search Terms 在有些类别也叫 Keywords,位于商品刊登界面"Keywords"一栏,点击"Add More"可以看到有 5 行位置,要填写与商品相关的关键词,每行最多可以填写 1000 个字符。

虽然 Search Terms 是非必填项,但却是唯一一项不在亚马逊平台前端公开显示却可以影响商品搜索排名的因素,其重要性是毋庸置疑的。所以,卖家填写 Search Terms 也要像写标题那样用心。填写关键词时要注意以下几方面。

一、填写关键词的基本要求

放在 Search Terms 中的关键词的英文拼写一定要正确无误,这是最基本的要求。

关键词可以用单词、词组(短词)、长尾词、热词填充,不要与标题重复。至于用单词、词组还是长尾词来填充关键词,要看哪一个与商品更符合,哪一个的效果会更好卖。卖家可以根据商品的特性和行业竞争情况来选择,也可以混合使用。

二、关键词填写方法

卖家常用的 Search Terms 填写方法有如下两种:

第一种填写方法是 Search Terms 中的每一行都只填写一个单词或一个长尾词,加起来一共只填写 5 个关键词。采用这种填写方法,填写的关键词要很精准,关键词要经过层层筛选,并且与搜索词完全匹配。

第二种写法是使用"词海"战术,在 Search Terms 里面填写上大量的关键词,甚至是填满,来增加商品被搜索到的概率。

对于采用哪一种填写方法,卖家要根据商品的实际情况而定。如果商品是比较特别的或者是比较冷门的,在细分类目里占有优势,用某个关键词检索时就能在首页或前几页出现,可以采用第一种写法。如果卖家售卖的是很普通的商品,类似或相同的商品在平台上成千上万、竞争激烈,卖家无法保证自己的商品能在海量商品之中被买家找到,那就要采用第二种写法。

三、隔开符号

填写的关键词之间要用符号隔开,对于隔开符号的使用,存在比较大的争议,有人建议使用半角逗号隔开,也有人说一定要用空格隔开。而实际上,这两种方法都是可以的。此外,在填写关键词时,除了使用以上两种符号以外,无须再用别的符号。

四、哪些关键词可以写入 Search Terms

与商品相关性高的关键词,可以填写到 Search Terms 里面。如果商品描述中带有很关键的元素(标签),或者有描述商品独特性质的关键词,也可以放入 Search Terms 里面。但无论如何填写 Search Terms,关键词都不能重复堆砌,可以用同义词表达,或者用意思相近的其他关键词来表达。如果实在没有好的关键词可用,相关度低的关键词也可以填写其中。

当卖家要将几个单词作为一个关键词时,要把它们放在最合乎逻辑的位置,也就是要注意语法。比如"红色长裙",英文的书写方式是"long red dress",而不是"red long dress"。

五、哪些内容不宜写入 Search Terms

卖家不宜写入与自己的商品没有相关性的关键词，尽管用到某些关键词可能会蹭到更多的曝光率，但匹配度低，并不是买家需要搜寻的商品，也不会有流量和转化率。

卖家不宜将别人的品牌名称写进自己 Search Terms 里，尤其是大品牌的名称，否则容易被人警告或投诉。比如说，如果卖的是汽配用品，卖家可以在标题或者描述中备注商品适合哪种汽车车型，但 Search Terms 里面是不能填写汽车品牌名称的。

总体来说，Search Terms 的优化是一个需要卖家不断尝试、不断摸索、不断调整的过程。卖家需要不断地积累经验，如果卖家的试错经验多了，慢慢地掌握到了 Search Terms 的填写技巧，就无须再填写作用不大的关键词了。毕竟，关键词的填写在精不在量。

第四节　商品图片

关于商品页面图片，亚马逊做了基本的要求。如果图片质量和标准不符合要求，商品可能无法发布，而对于已发布的商品页面，商品图片不符合标准可能导致商品页面被下架、删除，甚至可能导致账号被移除销售权限。

大部分的亚马逊卖家都了解平台对图片的基本要求和标准，但很少有卖家能够做到对其全面掌握并应用于实践中。从实操的角度讲，对于商品图片的规划、拍摄和后期处理，卖家应该尽可能做到既符合平台基本要求，又能恰当地使用可以提升点击量和订单转化率的展示小技巧。

亚马逊商城的每件商品都需要配有一张或多张商品图片。商品的主要图片被称作"主图片"。商品的主图片显示在搜索结果和浏览页中，也是买家在商品详情页面上看到的第一张图片。图片对于买家非常重要，因此其质量不容忽视，应选择清晰、易懂、信息丰富并且外观吸引人的图片。

一、通用图片标准

卖家可在相应的分类风格指南中找到特定于其商品分类的完整亚马逊图片标准。请仔细阅读，因为卖家上传到亚马逊商城的图片必须符合要求。

（1）图片必须准确展示商品，且仅展示待售商品。

（2）商品及其所有特色都必须清晰可见。

（3）主图片应该采用纯白色背景（纯白色可与亚马逊搜索和商品详情页面融为一体，RGB 色值为 255、255、255）。

（4）主图片必须是实际商品的专业照片（不得是图形、插图、实物模型或占位符），且不得展示不出售的配件、可能令买家产生困惑的支撑物、不属于商品的部分的文字，或者标志/水印/内嵌图片。

（5）图片必须与商品名称相符。

（6）图片的高度或宽度应至少为 1000 像素。满足此最小尺寸要求可在网站上实现缩放功能。事实证明，缩放功能可以提高销量。

（7）在缩放到最小时，卖家的文件在最长边可以达到 500 像素。

（8）图片最长边不得超过 10000 像素。

跨境电子商务（亚马逊）运营实务

（9）亚马逊接受 JPEG(.jpg)、TIFF（.tif）或 GIF（.gif）文件格式,但首选 JPEG。

（10）亚马逊服务器不支持".gif"格式的动图。

（11）图片不得包含裸体或有性暗示等内容。

二、主图片标准中不允许出现的问题（适用于所有商品分类）

（1）商品图片不能包含任何亚马逊标志或商标、亚马逊标志或商标的变体、任何容易让人混淆的与亚马逊标志或商标相似的内容。这包括但不限于任何含有 Amazon、Prime、Alexa 或 Amazon Smile 设计的文字或标志。

（2）商品图片不能包含亚马逊商城使用的任何标记、标记的变体、任何容易让人混淆的与标记相似的内容。这包括但不限于"Amazon's Choice""优质的选择""Amazon Alexa""与 Alexa 合作""畅销商品"或"热卖商品"。

（3）裸体或带有性暗示内容的图片。

（4）将儿童和婴儿内衣或泳衣穿戴在模特身上拍摄的图片。

（5）商品图片必须清晰,不得有马赛克或锯齿边缘。

（6）最长边放大到最大允许尺寸时,商品占画面不到 85%。

三、主图片中不允许出现的其他问题（适用于服装、服装配饰、鞋靴、手提包、箱包和珠宝首饰类商品）

（1）采用非纯白色背景的图片（RGB 低于 255）。

（2）商品上或背景中有文字、标志、边框、色块、水印或其他图形。

（3）包含同一商品的多张图片。

（4）待售商品在图片中没有完整展示,珠宝首饰（尤其是项链）除外。

（5）有过多的内部或外部道具覆盖/围绕商品,或道具易被误认为待售商品的一部分。

（6）模特处于跪坐、斜靠姿势或睡姿（模特必须采取站姿）。

（7）图片中的商品带有包装、品牌或吊牌（长裤或短裤除外）。

（8）包含可见人体模型（长裤或短裤除外）。

（9）主图片中有人或商品穿戴在模特身上（成人服装除外）。

四、附加图片

"主图片"应配有一些附加图片,以从不同的角度来展示商品、展示使用中的商品和在"主图片"中没有显示的细节。

卖家要遵循上述图片标准,以保证其所有商品图片的质量和一致性。

五、主图片示例

主图片必须采用纯白色背景,图 8-1、图 8-2 为不同商品的主图片展示,其中左侧为可接受的主图片展示,右侧为不可接受的主图片展示。

88

图 8-1　座椅主图片展示

图 8-2　手表主图片展示

图片中、商品上或背景中不得有文字、标志、边框、色块、水印或其他图形,图 8-3、8-4 为不同商品的主图片展示,其中左侧为可接受的主图片展示,右侧为不可接受的主图片展示。

图 8-3　设备、毛巾主图片展示

图 8-4　男士服装主图片展示

　　主图片不能包含同一商品的多张图片，图 8-5、图 8-6 为不同商品的主图片展示，其中左侧为可接受的主图片展示，右侧为不可接受的主图片展示。

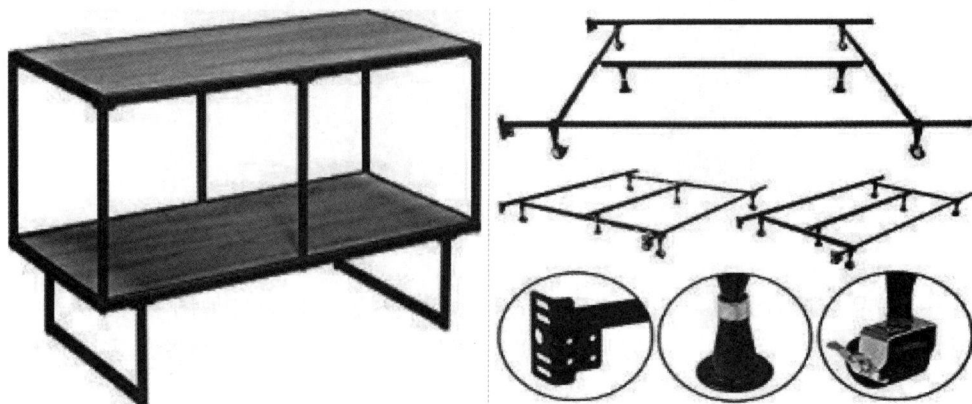

图 8-5　储物架主图片展示

图 8-6　女士服装主图片展示

　　最长边放大到最大允许尺寸时，商品必须至少占画面的 85%，图 8-7 为沙发和座椅主图片展示，其中左侧为可接受的主图片展示，右侧为不可接受的主图片展示。

图 8-7　沙发、座椅主图片展示

图片必须清晰，不得有马赛克或锯齿边缘，图 8-8、图 8-9 为不同商品的主图片展示，其中左侧为可接受的主图片展示，右侧为不可接受的主图片展示。

图 8-8　家居用品主图片展示

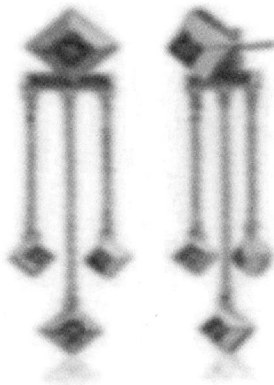

图 8-9　饰品主图片展示

主图片中不得有人，成人服装除外，图 8-10、8-11 为不同商品主图片展示，其中左侧为

— 91 —

可接受的主图片展示，右侧为不可接受的主图片展示。

图 8-10　沙发、躺椅主图片展示

图 8-11　挂件主图片展示

除以上所举情况外，主图片中不允许出现的其他问题（适用于服装、服装配饰、鞋靴、手提包、箱包和珠宝首饰类商品）还有如下一些情况。

待售商品必须完整展示在图片中，珠宝首饰（尤其是项链）除外，如图 8-12、图 8-13所示。

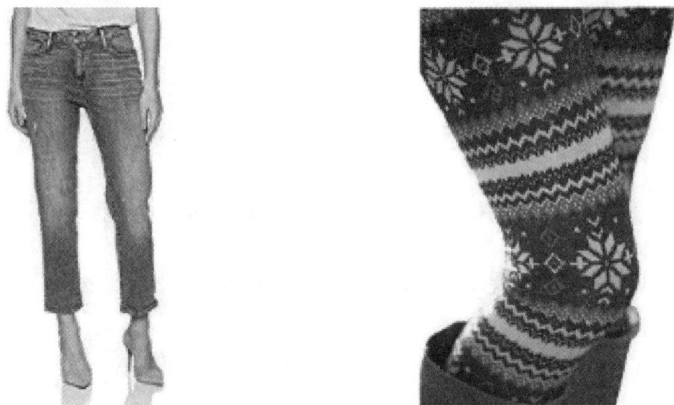

图 8-12　女士裤子主图片展示

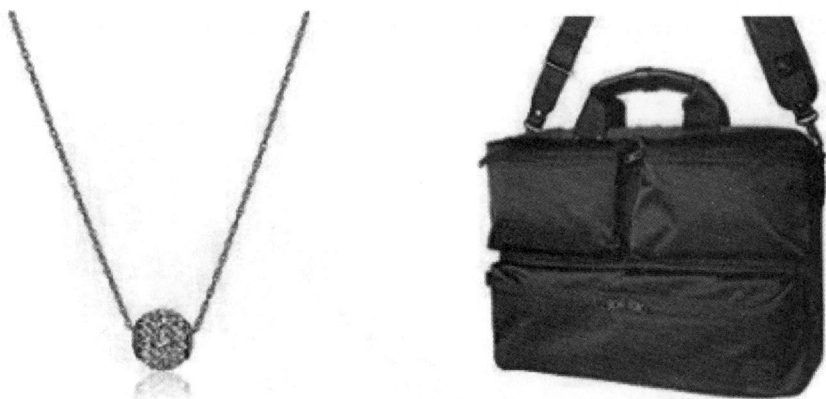

图 8-13 挂件、男士包主图片展示

　　图片中不得有过多的内部或外部道具覆盖/围绕商品,道具不会被误认为是待售商品的一部分。图 8-14、图 8-15 为不同商品主图片展示,其中左侧为可接受的主图片展示,右侧为不可接受的主图片展示。

图 8-14 挂件、手机主图片展示

图 8-15 卡包主图片展示

　　模特不能处于坐姿、跪姿、靠姿或睡姿(模特必须采用站姿,婴儿除外)。图 8-16、

图8-17为女装、儿童装主图片展示，其中左侧为可接受的主图片展示，右侧为不可接受的主图片展示。

图 8-16　女装主图片展示

图 8-17　儿童装、女装主图片展示

图片中的商品不能带有包装、品牌或吊牌（长袜或短袜除外）。图 8-18、图 8-19 为不同商品主图片展示，其中左侧为可接受的主图片展示，右侧为不可接受的主图片展示。

图 8-18　背包主图片展示

图 8-19　鞋主图片展示

　　图片中不能包含可见人体模型（长裤或短裤除外）。图 8-20、图 8-21 为不同商品主图片展示，其中左侧为可接受的主图片展示，右侧为不可接受的主图片展示。

图 8-20　女士挂件主图片展示

图 8-21　男士服装主图片展示

　　主图片不能使用将儿童和婴儿内衣或泳衣穿戴在模特身上拍摄的图片。图 8-22 为儿童泳衣主图片展示，其中左侧内可接受的主图片展示，右侧为不可接受的主图片展示。

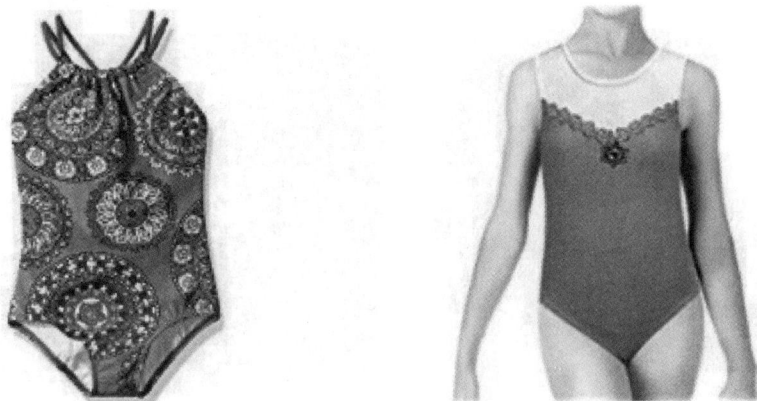

图 8-22　儿童泳衣主图片展示

六、副图

（1）副图最好采用图片和文字结合的方式。卖家可以参考 Anker 的商品图片，如图 8-23 所示。

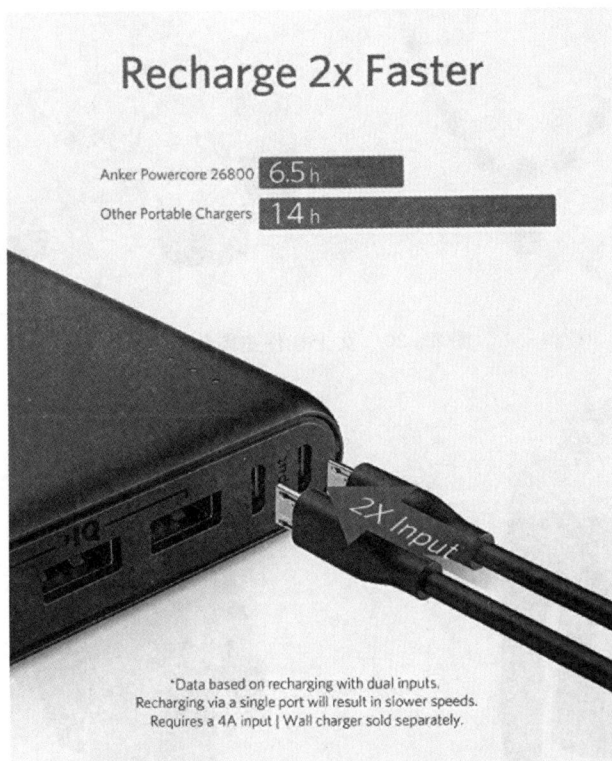

图 8-23　Anker 商品副图

（2）副图中要有多角度的卖点展示图。要配有恰当的文字说明，通过插图、背景、品质、细节等完美解读商品卖点和特点。

（3）副图中要有实物对比图。通过商品与日常生活中熟悉的物品做比较，弥补网购中无实物体验的缺陷。

（4）副图中最好包含商品的应用场景图。生活化的应用场景具有较强的代入感，可以提高顾客对商品的认知度和接受度。

（5）副图中可以附带商品包装图。精心设计的包装和配件既可以体现卖家的用心和态度，又是企业形象的一部分，对品牌有加分的作用。

（6）副图中可以带有生产工艺流程图和商品内核拆解图。这些图都是体现商品质感很重要的一部分。

（7）对于做了品牌备案的卖家，在制作A＋页面图时，尽量采用和主图、副图不同的商品图片，以增加顾客对商品的理解。

卖家在运营过程中，商品的图片一定要自己拍摄，避免盗用其他卖家的图片。盗图行为同样是侵权行为，如果被原图卖家发现并投诉，轻则导致图片被删除、商品页面被屏蔽，情节严重的，可能导致账号受限，销售权限被移除。

课后习题

1. 亚马逊商品标题的七大要素是什么？

2. Bullet Point 的主要内容是什么？

3. 卖家常用的填写 Search Terms 的方法有哪两种？

4. 哪些内容不宜写入 Search Terms？

5. 在所有商品标准分类中，主图片标准中不允许出现的情况有哪些？

第九章　亚马逊站内运营

本章要点

- PPC广告运营
- 广告数据的分析
- 亚马逊促销活动
- 亚马逊Deals

第一节　PPC广告运营

一、PPC基础

PPC全名为"pay-per-click"，也就是点击付费。PPC包含Campaign，AD Group，Targeting Type(Manual或Automatic)，Match Type(Broad或Phrase或Exact)，Daily Budget，Impression，Clicks，ACOS等要素。

(1)Campaign(广告活动)。大家一般把不同类型的商品分成不同的广告活动，同一个商品需要分不同的广告活动吗？是需要的。一是顺应亚马逊的广告规则；二是方便管理，方便查看。因为亚马逊广告活动设置之后其中的关键词是不能更改它的Targeting Type和Match Type的，我们只能把关键词拿掉，然后在设置的时候选择新的模式，如果在一个Campaign里面重新添加它的Match type，那一个Campaign就包含各种各样的Match type，关键词一多，自己都容易头晕。最重要的还是方便对PPC广告的管理，首先，每个Campaign配以明确的名单，使得广告一目了然；其次，在广告业绩下载的PPC报表更加容易辨识。

(2)AD group(广告组)。这个一般用于变体。因为对于有很多变体的商品来说，推荐只选择其中一个表现比较好的子体来做广告。不同Campaign的关键词一样的话会造成互相竞争，也就是自己跟自己的商品竞价，从而会提高商品广告的竞价。那同一个Campaign里面的AD Group会不会也这样呢？经过试验得出的结论是：AD Group也会互相竞争。所以选择一个表现好(流量转化率表现最好)的子体来做广告，因为把每一个子体都做广告的话虽说可以增加其曝光的机会，但这样做成本高，效率也不高，还不如集中资源主攻一个子体。

(3)Targeting Type(广告模式)。此模式包含有两种，一种是自动(manual)，一种是手动(automatic)。

自动广告的关键词不是卖家能决定的，而是亚马逊给的。它是通过什么方式来给卖家呢？当卖家做自动广告的时候，亚马逊会根据卖家这个商品的商品页面的信息来给卖家相关的关键词，这些信息包括很多，比如卖家的关键词、标题、五点描述、长描述、成交历史等。

自动广告是整个广告做好的充分条件,要想广告做好,必须坚持自动广告。很多卖家不喜欢做自动广告的原因,一是自动广告一般很少带来成交,二是点击量很少,三是总是出现一些乱七八糟的关键词,甚至会出现"bo1248wez"等这样的乱码,其实这些不是乱码,这些是与卖家商品相关的商品的 ASIN 或者 SUK。自动广告带来的好处是远大于它的不足的。自动广告是一种投资,也就是说自动广告是需要花钱的。卖家花钱,亚马逊给卖家数据,亚马逊给卖家的数据远比站外一些关键词搜索软件给出的关键词要准确得多,因为这是亚马逊内部的数据,而且是卖家花钱买的。自动广告是一种投资,卖家必须要有这样的意识。

自动带来的好处主要有两个:一是积累数据,为以后的手动广告做准备,通过自动广告,可以筛选出一些表现好的关键词,然后进行升级,让关键词往更精准的方向走。二是可以鉴别卖家的商品有没有被亚马逊识别。因为亚马逊不是人,它是一个程序,不可通过一张照片就识别出是什么东西,所以只能通过卖家商品页面的信息来鉴别其商品。如果自动广告出现很多与卖家商品毫不相关的关键词,那么卖家就要考虑自己商品页面的信息是否准确和完整了,所以自动广告有助于卖家完善商品页面。

手动广告是广告活动的重点。手动广告的关键词设置包含亚马逊推荐给卖家的词和卖家自己选好的词,其中亚马逊推荐的词的匹配类型只能是广泛(broad)匹配的,而卖家选择的词是可以自由选择匹配类型的。那么究竟选择哪种匹配类型呢?首先我们来了解 Broad、Phrase、Exact 这三种匹配类型。

①Broad(广泛匹配)。这种匹配类型按照亚马逊的后台说法是在一定范围内只要顾客搜索的词中包含卖家的关键词就能显示出来,其中包括单复数、时态、介词、错拼、不讲究顺序等。例如:belt 可以匹配到 leather belt,black belt for men 等;leather belt 能匹配到 black leather belt for women,men's belt black leather(打乱顺序也行的),单词拼错的情况下也是能够识别的,比如卖家设置的是 bslt,亚马逊也可以匹配到 belt 给卖家,不过卖家最好不要拼错。

②Phrase(词组匹配)。在卖家设置的关键词的前后可添加一些单词,其中包括识别单复数、时态,介词等,但讲究词的顺序,范围较 Broad 小。例如:wallet 可以匹配到 leather wallet,leather wallet for men;men wallet 可以识别到 black men wallet,red men wallet for 8 card,但是不能识别 men leather wallet 等顺序混乱的情况。

③Exact(精准匹配)。这种类型只能识别单复数、时态等简单的形式。比如 wallet 就只能有 wallets、walleting 等简单形式。既然 Broad 已经包括了后面的两种形式,那为什么亚马逊还要多此一举给出词组和精准的模式呢?答案是亚马逊要赚卖家的钱。当全部人都把广告设置成一个竞价的话,那么谁会出现在首页呢?难道轮流坐庄?这明显是不合理的,所以除了我们商品页面有权重外,广告也是有权重的。在广告活动里,不同广告组相同的关键词出价一样,但是出现的位置却差很多,所以广告是有得分的。

在其他条件相同的前提下,设置的关键词和顾客搜的词匹配程度越高就越容易出现。举个例子,顾客搜 red&black leather belt,那么下面这些词哪些容易出现在顾客面前?Belt red leather belt,red and black leather belt。答案相信大家也清楚。影响广告关键词的得分因素主要有出价、匹配程度、匹配类型(exact>phrase>broad)、点击率、转化率等。

顾客一般搜的词都是比较长尾的,而且越是长尾的词,其转化率也越高。那么这些长尾的词卖家是怎么得出来的呢?是通过广告数据的积累得出来的。通过"broad—长—phrase—长—exact",这样一步一步筛选出转化率高的精准的长尾关键词。

（4）Daily budget（每日预算）。很多人不太关注这一块，事实上预算是很重要的，当卖家广告预算用完的时候，其广告将不会再展示，这会影响到其广告得分，长期的预算不够会降低广告的得分，长此以往卖家的关键词出价会越来越高，所以建议预算尽量设置充足。

（5）Impression（展现量）。展现量是衡量一个关键词表现好不好的标准之一。一般做PPC的时候会出现这几种情况：没有展现量，展现量很低，展现量不高，展现量高但点击量很少。做了PPC却没有展现量，这是一件很奇怪的事。这时候卖家要考虑其商品页面是否有购物车，没有购物车广告是不会显示的。

出现展现量很低或者不高这种情况，多数在于卖家设置的关键词是否较为准确，是否是个流量比较客观的词，如果这个词本身流量很低，没什么展现量也是正常的。再者卖家要考虑是不是其出价太低，在这类词的竞争中排在后面。对于这种情况，建议先观察几天，看几天后的总体展现量，如果没什么变化，再提高价格，即使这样的话，展现量还是低，那可以考虑放弃这个词了。

（6）Click（点击量）。首先需要说明的是并不是有点击量就说明这个词是个好词了，判断好词的主要标准还是要看CR（传化率）和CTR（点击通过率）的。单独以点击量并不能说明太多问题，要把展现量和点击量结合来看。比如，关键词A的展现量是10000，点击量是10；关键词B的展现量是500，点击量是10，那如何判断哪个词比较好呢？理论上来说，B比较好一点，B的CTR是A的两倍。不过这样的结论不清晰，建议是提高B的出价，把B的展现量提高到和A差不多的情况下来判断会比较准确。

针对展现量高，但是点击量低的情况，卖家需要考虑以下几个方面：一是关键词的相关性。如果相关性不高的话，这个关键词是没有什么意义的，比如卖家卖鞋，其关键词设置成裤子，跟其商品关联度不是很贴切，出现这种情况很正常。二是首图的问题。如果卖家的图片是很难看的那种，不是西方审美的那种，买家没有点击的欲望是很正常的。三是标题。如果标题让顾客不知道卖家在卖什么，这也正常，在这里插一下，标题最好不要罗列关键词，那太难看了。四是价格。如果商品的价格太高，这也会影响点击量。具体是哪个问题，这需要去试，所以卖家要做好投钱的准备。

（7）ACOS（成本与销售比）。相信这是卖家最看重的一项数据了，很多卖家喜欢拿ACOS来比，其实不需要太过在乎这个，ACOS—利润率在20%以内就可以接受了，意思是卖家的利润率是30%的话，ACOS在50%以内都是可以的。商家做广告是一种投资，是一种营销手段，这都是需要花钱的。商家的广告不赚钱，但他们通过广告产生的效果赚钱。同样的这种思想也可以用到PPC上，PPC广告带来的好处遵循这样的逻辑线：好的广告词→流量和订单→转化率提高/销量提高→排名上升→自然流量和自然订单的提高→更多的钱。

判断一个词的好坏需要数据的基础，数据从哪里来？从广告组那里得来。数据量越多，判断的结果就越准确，所以卖家需要积累数据，积累广告的数据。这也是为什么特别强调要坚持跑自动广告。那么这个数据要积累多久呢？这个要基于卖家的竞价和预算，其中的关系是积累的时间与卖家的出价和预算成反比，即预算和出价越高，积累的时间越短，反之亦然。当然卖家也可以借助其手上的关键词工具，找出其认为好的关键词加入广告，跑一段时间看看它的表现。不过免费的关键词工具得出的关键词不那么准确。那到底要跑多久呢？建议是出价高点的，起码两个星期，出价低的话最好一个月，具体多少没有标准，大家的商品不一样，竞争也不尽相同，这就需要自己去试、去总结了。因为这是个试的过程，请做好亏钱的准备。虽然亏钱,但成熟的广告带来太多的好处,如果这样都还不能说服自己的话,也没必要做 PPC 了。这个阶段是最难熬,也是最容易放弃的阶段。

积累了一定的数据后,卖家可以在后台下载广告报表,然后用 Excel 来整理筛选数据。到了这一步就是重点了,如何判断一个数据好坏?之前我们提到过这主要看 CTR 和 CR。首先是 CTR,CTR=点击率/展现率,那这个值要到达多少才是合格的呢?这没有具体的标准,有一种直接的方法,就是选取积累的数据中点击率比较多的关键词(展现量要有一定的基础,起码要上千,几十、几百的先别加入,即使点击很多),然后求它们的平均点击率,得出的结果应该会比较接近的标准,只要点击率是接近这个标准的,算得上是比较好的词了。最后是在亚马逊搜索相应筛选出来的词,看看与卖家的商品相关度如何,相关度低的要舍弃。

多数人实际上会遇到这样的情况,展现量很多,但点击量很少。如果卖家认为自己的商品页面是完善的(包括首图、标题、五点描述),还出现这样的情况,那就要考虑商品的相关度。若商品的相关度低,出现这样的情况很正常;如果相关度没问题,很有可能是广告展现位置靠后,或者广告出现在别的商品页面里面,这时候试着把广告的关键词提高价格顶上首页,观察个几天感觉差不多了,然后再看看点击率。那要出价多少才能把关键词顶上首页呢?可以比出价高两倍,当然一些广告组本身表现好的出价会低一定的程度。具体可以在后台一步步提高竞价,然后在亚马逊上搜索广告关键词,刷新几次,看有没有出现卖家的广告,如此往返,直到出现在首页位置,这时卖家设置的定价大概就是上首页的价格了,等卖家广告表现越来越好时,卖家会发现竞价会降低。

除了 CTR 外,还要看 CR,总的来说 CR 占的权重更大,为什么这么说?假设一个关键词的展现量很少,比如几十,点击量只有几个,但是有成交,毫无疑问,前面说的 CTR 理都不用理,可直接提高关键词的价格,让它长期占据首页。当然遇到这样的好词的概率太小了,正常的情况下怎么用 CR 判断词的好坏呢?经过上面以 CTR 为主的筛选后,把这些词选出来再跑一段时间,一般这个时候会出现成交了,这时候再下载广告报表,重点看看 CR,CR 的标准又是什么呢?一般来说,广告关键词的转化率是要比自然流量的转化率高一个档次的。所以广告词的 CR 以自然流量的 CR 为标准。

以上情形,这时候的广告还是处于初期阶段,这样说的目的是想说明:正常情况下,这个时候广告的 CR 还是比自然流量的 CR 要低的,主要原因是广告得分低,出价要高点,以及词优化还不够准确。这个时候广告还需要继续跑,最好把关键词顶上首页,这时的出价会比之前的出价要低一点的。然后再筛选出更精确的词,这样就差不多行了,成效也慢慢开始有了。

这时候很多人会遇到这样的情况,顶上首页了,点击量也有了,但是就是没成交,或者 CR 低得可怕。这时候还是强调:要看卖家的商品页面是否已经完善好了,如果没问题,很可能是价格的问题,是价格太高了。建议慢慢调低价格,调低一点看一下转化,反复操作,直到转化合理一点。如果这个价格已经让卖家亏本了,如果亏几块钱的话倒是没什么,亏得厉害的话,只能说卖家商品竞争力太低。如何避免这样的情况呢?从一开始开发新商品的时候就要对市场进行调查研究,看看哪个价格区间的销量比较大,哪个价格区间是消费者的舒适度。除了受价格影响,还有一个大的可能就是商品本身不受市场接受。所以表现不好的商品尽量别做广告了。

第二节 广告数据的分析

一、后台数据的导出

首先登陆亚马逊后台的界面，进入数据导出界面。选择广告数据，并可以根据实际需求导出需要时间段的数据。

注意事项：按照分析的标准，需要按照月、周、日的维度导出广告数据并进行分析和存档。

后台导出的数据为"txt"格式，不便于分析使用，因此要转化为 Excel 格式。导出的数据中有很多无关的数据，需要对数据进行筛选和删除，利用 Excel 自带的数据筛选功能进行排除。

二、数据库的建立

对于同品类或者同类型的商品，应该坚持建立关键词的词组库，记录使用过的词组库。并记录投放广告的记录和效果，方便追踪和改善。

三、数据的存档和总结

每天做 PPC 分析，按照日期顺序进行存档，每周进行一次总结，方便后续追踪效果。

四、关键词投放类型

关键词主要分为以下三个类型。

Broad Match（广泛匹配）：买家搜索词组会与关键词相关。

Phrase Match（短语匹配）：买家搜索词组会与关键词的部分一致。

Exact Match（精确匹配）：买家搜索词与卖家填写的关键词完全一致。

广泛匹配曝光范围最广，即卖家搜索词包含所有关键词及同义词，广告皆可展示。

短语匹配曝光范围次之，即买家的搜索查询必须包含准确的短语或词序。

精确匹配曝光度最低，即买家的搜索查询必须与关键词的词序完全匹配，广告才会展示。精确匹配限制最高，流量最精准。

在了解了三种匹配方式后，我们再来了解一下三种匹配方式的优劣势。

曝光度：广泛匹配＞短语匹配＞精确匹配。

广告转化率：精准匹配＞短语匹配＞广泛匹配。

单次点击花费：精准匹配＞短语匹配＞广泛匹配。

广泛匹配的适用情况如下：

①如果是第一次推新品没有办法非常准确地把控商品所有的核心关键词以及出单的长尾关键词，那么建议选择广泛匹配，用广泛匹配的方式试着跑一段时间，筛选出 Customer Search Term，了解商品的搜索词来源情况、转化情况、买家搜索习惯，筛选相关度和转化率最高的关键词，为接下来广告的二次优化调整做好准备。

②如果刚刚接触广告时间不长，属于新手阶段的话，也是建议先试着用广泛匹配，因为广泛匹配的流量是最大的，单次的 CPC（点击成本）点击花费是最低的，合理地采用"广泛匹配＋否定关键词"的方法能够有效地控制广告的 ACOS（广告成本销售比），我们有很多的广告活动

ACOS 都是控制在 10％以下。在广告的最初阶段，我们一般建议首先选择广泛匹配，以便尽可能地了解卖家的广告在哪个方面效果最佳。此匹配类型的最大作用就是这个，而不是转化。

我们做广泛匹配的最终目的是发掘出更有效的关键词，加入词组匹配或精确匹配到广告活动中，这样才会有助于提高广告转化率。

词组匹配的适用情况如下：当卖家的商品容易产生歧义或者有多种意思的时候，建议用词组匹配。如果用广泛匹配，很多广告的曝光会跑到不相关的商品类目下，造成很多无效的点击。比如：Glasses 有眼镜的意思，Wine Glasses 则是酒杯，Drink Glasses 则是普通水杯。如果卖家卖的是酒杯，用广泛匹配的方式就有可能会浪费很多钱花在"眼镜"或者"水杯"这些词上，采用短语匹配的同时配合否定关键词，把这些歧义的词否定掉，对于 ACOS 的控制会更加理想。

精确匹配的适用情况如下：当广泛匹配和词组匹配跑出来的优质关键词积累到一定数量，可以考虑单独开一组精确匹配词，但是精确匹配的单次点击花费是最高的，所以在选词的时候对于关键词的质量的把控尤其重要。做精确匹配的关键词一定要是相关度和转化率都非常高的词，这样跑出来广告活动的 ACOS 才能控制得很低，转化率才会很高。

五、广告基本操作

（1）到卖家中心选择"Advertising→Campaign Manager"，点击"Create a campaign"。

（2）进入创建广告的页面后，按照指示填入卖家活动的名称、卖家每天的预算限制以及起始日期。

（3）选择关键字获取方式，亚马逊提供两种选择，即 Automatic targeting（自动生成）与 Manual targeting（手动键入）。

如果没有特定的关键字想要加入，建议先选择 Automatic targeting，亚马逊会直接根据卖家的商品，广义列出所有相关搜索字，这个方式可以迅速扩大其商品的点击率。

（4）有三种广告扣费方式。

①动态竞价：只降低。当卖家的广告不太可能带来销售时，亚马逊将实时降低其竞价。在 2019 年 1 月之前创建的任何广告活动都会使用此设置。

②动态竞价：提高和降低。当卖家的广告很有可能带来销售时，亚马逊将实时提高其竞价（最高可达 100％），并在其广告不太可能带来销售时降低其竞价。

③固定竞价。亚马逊将使用卖家的确切竞价和卖家设置的任何手动调整，而不会根据售出可能性对卖家的竞价进行更改。卖家如果对广告不是特别熟悉，建议使用固定竞价。

（5）建立欲做广告的商品，一个 Campaign 下可以建立多个广告组，用不同的点击预算，同个广告组里的商品是可以共用关键字的，所以卖家可以根据分类，来建立广告组。填写卖家的群组名称、每个点击的预算，选择卖家要做广告的商品。

选好商品之后，"自动生成"会自动找关键字，直接储存即可。选择"手动键入"的话，会出现建议关键字，卖家可以自行添加。

（6）出价。出价（bid）比每次点击费用高 0.2～0.5 美金，这已经有优势了，如果高出 $1 美金以上，就没什么意义。因为点击价格是由"第二名的出价＋第一名与第二名之间差价的百分比＋卖家的表现"综合得出的。也就是说，出价有一定额度的上限，并不是出价越高越有竞争力。

Campaign 设置好之后，一小时后即可开始供买家点击。

第三节 亚马逊促销活动

一、促销操作流程

亚马逊的促销活动主要包括免费邮寄、购买折扣、买一送一。

在平时的运营过程中，我们用得较多的是购买折扣。买一送一基本用在清库存的时候。

如果你是品牌备案的卖家，还有一个比较实用的功能就是亚马逊联盟营销。这个功能对放量有非常好的效果。下面我们重点讲解一下购买折扣的操作流程，在设置活动前首先要创建新的商品选择，如图9-1所示。

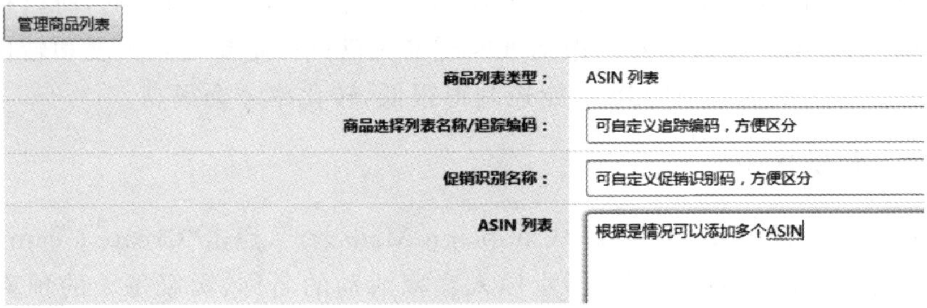

图9-1 创建商品列表

第1步：选择促销条件。在此选择创建好的商品，设置减免折扣，填写额外购买商品的ASIN，如图9-2所示。这里额外购买商品的ASIN会根据之前所填的折扣进行减免。即购买商品A，再购买商品B，商品B就减免折扣10%。

图9-2 设置促销条件

第2步：设置促销时间。内部描述卖家可以自定义，方便自己查阅的时候辨别促销活动，如图9-3所示。

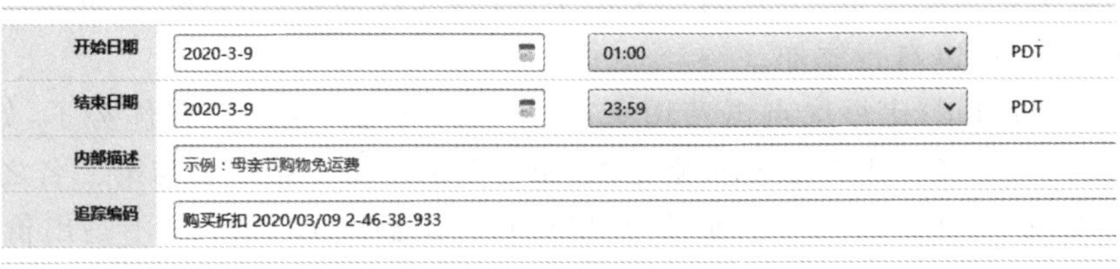

图9-3 设置促销时间

第3步：更多选项。优惠码的种类：买家可以同时使用多个无限制型优惠码。同一笔订单中，买家最多只能使用一个优先型优惠码；独用型优惠码不可与其他任何优惠码搭配使用。买家若符合多个优先型优惠码，系统将自动选择一个最佳折扣，如图9-4所示。

图9-4 优惠码类型

在此建议买家尽量选择无限制优先型优惠码，这样就不会产生促销叠加导致没必要的亏损。

第4步：自定义信息，如图9-5所示。

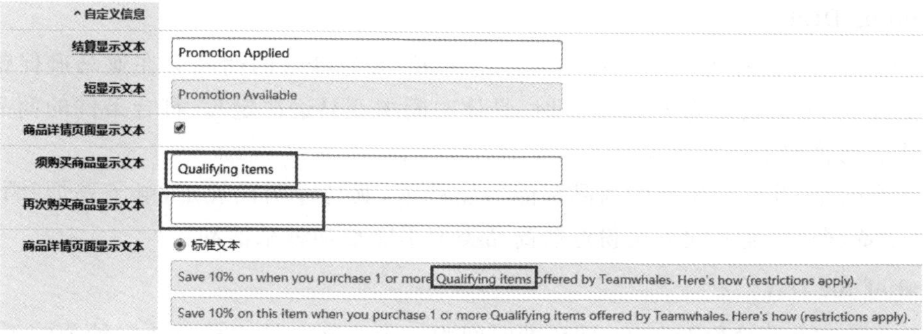

图9-5 自定义信息

商品详情页显示文本项如果不勾选，就需要定向给客户发送优惠码。如果勾选，买家在文本下方就可以直接看到优惠码。

购买商品显示文本及再次购买的商品显示文本同样可以更改为商品的名称，这样能方便买家辨别商品。

第5步：完善条款和条件。卖家将相关条款和条件完善后，就可以提交促销。

二、管理促销码

进入"Promotion"页面后，点击"Manage Promotions"，在"Search"处可查看所有促销，点击"Active"查看正在进行的促销，也可点击"Pending"查看尚未开始的促销活动，找到刚刚设置的促销活动，点击促销活动名称，进入促销详情页。

在促销详情页面，可以看到"Manage claim code"（管理促销码）按钮。点击"Manage claim code"进入页面，在"Group Name"中输入便于自己识别的名称，在"Quantity"中输入计划送出用来做测评的商品数量，点击"Create"按钮。此时，页面下边会出现刚刚设置的"Claim Code Group"，点击右边的"Download"下载。下载的文件里面就是对应于刚刚设置数量的一个长串促销码。

此时的促销码是一次性促销码，此时卖家可以把这个促销码发送给接受邀请的"Reviewers"，也不用再担心被人恶意分享出去重复使用而造成额外的损失了。

第四节　亚马逊 Deal

不少卖家都会利用 Deal 来蹭平台流量，带动销量，冲一下排名。一般来说，亚马逊卖家通常选择的站内 Deal 以 Best deal 和 Lightning deal 两个为主。

一、Deal 介绍

1. Best Deal

"Best Deal"简称 BD，由招商经理免费提交申报，但是没有招商经理，或者过了招商经理扶持期的卖家可以根据销售情况由亚马逊后台邀请，但是需要收取相应的费用。一般可以持续 2 个星期，涵盖美国站和日本站。Best Deal 的价格不会自动修改，需要卖家自己手动修改。

2. Lighting Deal

"Lighting Deal"简称 LD，是一种限时促销优惠，参与秒杀的商品会在亚马逊促销页面上显示有限的几个小时（通常为 4 到 6 小时，具体时间由亚马逊决定）。符合条件的商品将自动显示在秒杀活动管理中。每个 Listing 150 美金/次。

需要注意的是，并不是所有的商品都能参加秒杀，亚马逊明确规定，电子香烟、酒精、成人用品、医疗设备、药品、婴儿配方奶粉这些商品类型不能参加秒杀活动。

3. Deal of the Day

"Deal of the Day"简称 DOTD，即免费时间为一天。这个是亚马逊站内秒杀的王中王，这是最难申请的，每天只有三个广告位，极为稀有。在移动端打开 Amazon App 的时候，第一个显示的就是"Deal of the Day"。

二、Deal 优劣势

1. 站内 Deal 的好处

（1）程序简洁。可以直接通过账号经理进行申请，如果卖家的商品也足够好的话，亚马逊会邀请其参加 Deal。

（2）流量更精准且多。LD 会出现在亚马逊访问量最高的页面之一，它的活动也都被收录到搜索结果中。通过 Deal 可以引来大批亚马逊站内免费流量，流量很大。

（3）可以提升排名和销量。

（4）带动其他关联商品的销量。

（5）帮助卖家清理滞销库存和季节性商品。

2. 站内 Deal 的劣势

（1）亚马逊申请 Deal 要求严格，首图标题必须完全按照要求修改。

（2）审核时间长，审核期间会影响 Listing Session 及转化。

（3）如果是 Best Deal，亚马逊会要求直接降价，活动后才可提价。

（4）价格相对站外 Deal 要高很多。

三、申请条件

1. Best Deal 申请条件

（1）至少 3 颗星以上顾客评价。

（2）现在购物车售价的 8.5 折或更低。

（3）使用 FBA。

（4）报名频率：每月最多两次。

2. Lightning Deal 申请条件

（1）Review 要求细节：

①有 Review 且越多越好，电子商品、家装商品、办公商品要求 10 个 Review 以上。

②至少 3.5 颗星以上，推荐概率高。

③新品转化率较高，也有被推荐或抓取概率。

（2）Lightning Deal 通常是为 Prime 会员服务的，配送必须是 FBA。

（3）价格要求：现在购物车售价的 8 折或更低（不是在 List Price 基础上，而是在购物车售价的基础上打折）。

（4）报名频率：每月一次。如果后台推荐 Deal 已经提交，那么亚马逊会先审核，包含一些 Deal 费用收取也会在申请通过才会收取。

3. Deal of the Day 申请条件

该促销暂不对一般卖家开放，无法申请。

Deal 申请成功以后会收到亚马逊发来的邮件，告诉卖家参与时间，如果卖家觉得这个时间段不合适可以选择取消然后再次申请。

四、注意事项

1. 要想秒杀有效果，报秒杀的商品选择非常重要

因为亚马逊在搜索框的下面专门开辟了一个秒杀的入口，从消费者的行为来看，能够不通过搜索而通过点击"Today's Deal"按钮进入秒杀页面的买家，往往是熟悉平台各项活动的买家，也即亚马逊的高频消费者，甚至，相当多数量是属于 Prime 会员。

对于这类消费者，当他们通过秒杀入口进入秒杀页面，其实在一定程度上带着"遇见合适的，顺便买回来"的心态。而这种心态所映照的商品，并不是需要绝对刚需，反倒是那种属于"看到了，觉得合适"的即兴购买型商品。

一个消费者对一个刚需型商品的购买是理性的，而对于一个即兴购买型商品则是因为看到了觉得好玩，所以，对于一个卖家来说，在选择参加秒杀的商品时，自己得思考并问自己一个问题：我的商品怎样能够让客户看到第一眼就产生了购买的兴趣？

2. 报秒杀前，参考竞争对手的秒杀效果很重要

卖家之所以为一个商品报秒杀活动，很大程度上是期望能够借助于活动可以得到销量的较大幅度的提升，但在参加活动之前，卖家对销量的预期都只是主观的臆测而已，要想得到更接近于真实的数据，很大程度上可以参考一下同类竞品的秒杀情况。

如果有同行卖家之前的秒杀活动效果好，自己的秒杀效果应该也不会太差，而如果之前参加过秒杀活动的竞品效果很差，那自己就得小心谨慎了。

具体的观察方法如下：①用商品的核心关键词去搜索，在搜索结果中，找到带有"Limited Time Deals"标识的同类商品；②在亚马逊秒杀页面，查看和自己类似的商品。需要查看和记录的内容包括：参加秒杀的竞品的标价——看其折扣之后的价格是否有利润；BSR 排名——统计参加秒杀前后的 BSR 排名，看秒杀之后，该 Listing 的 BSR 排名（包括大类目排名和小类目排名）是否有上升，上升的幅度如何。

如果同类的商品报秒杀频率高，或者同一个竞品有多次报秒杀情况，且其秒杀价格都有利润，再加上每次秒杀之后 BSR 排名都有上升，通过多次秒杀之后，BSR 排名得到了相对较快、较持续的上升，这些都反映出该商品如果参加秒杀活动会有一定的效果，反之则不行。

3. 如果决定对一个商品报秒杀，需要做足秒杀前的准备工作

当经过上述论证，决定对自己的某个商品报秒杀活动，那么，需要考虑以下两方面要素：

（1）取消非销售高峰时段秒杀报名：因为秒杀活动的时间段不是卖家自己可控的，当卖家报了秒杀活动之后，一定要留意自己的秒杀时间段，如果秒杀时段是非销售高峰时段，可想而知销量也不会太好，所以建议卖家可以在秒杀活动开始之前将其取消，秒杀活动开始前的取消并不会产生秒杀费用。

（2）对于报上合适时段秒杀活动的商品，建议在秒杀活动开始前两三天内，通过更大的广告预算和更高的广告竞价，以及站外的促销活动等手段来推高 Listing 排名，当一条 Listing 排名足够高，在秒杀活动时的坑位才会相对靠前，而秒杀的坑位越靠前，其效果才可能更好一点。

第五节　亚马逊 Coupon

一、Coupon 简介

亚马逊 Coupon 推出已经有一段时间了。如今 Coupon 可以设置为 90 天以内，也可以设置目标客户。这样一来能更直接、更直观地展示卖家的商品，更好地吸引顾客。买家浏览页面时，可以第一时间看到商品的折扣信息。

使用 Coupon 功能的条件：店铺评分必须上 3.5 分才可以打开这个功能。

使用 Coupon 功能的费用：买家每使用一次 Coupon 成功付款，亚马逊就会扣除卖家 $0.6。

使用 Coupon 功能的好处：为卖家增添了一个流量入口，Coupon 拥有 CPC 和 Promotion 结合的功效，还可以结合折扣网站做站外营销。

单一地做 Coupon 可能无法达到很多人想象的爆单的境界，毕竟也是要看商品的排名和曝光。不过卖家可以通过做"亚马逊 Coupon＋站外发优惠券/折扣券做站内邮件营销"的方式，将干预捆绑销售的"折扣券＋新商品"一起发送给老客户。这样可以达到以下效果：①增加捆绑销售干预成功的概率。②增加新 Listing 的销售和排名。③充分利用现有资源推广，省钱、效果好。

设置过 Coupon 的商品其实有一个单独的页面"https://www.amazon.com/Coupons"。在 Google,Bing 搜索关键字，比如"Amazon Coupon"可以直接跳转到 Coupon 页面。随着

Coupon 页面流量越来越大,如何提升 Coupon 页面的排名也是个值得研究的问题了。

亚马逊 Coupon 备受推崇的原因主要有:①旺季是卖家清理库存的好时机,可利用 Coupon 栏使用折扣促销。②利用打折技巧吸引买家。根据对消费者心理学的研究,单价低的 Listing 最好打百分比折扣。例如 $9.9 的 Listing,10% 的折扣也就不到 1 美金,但是卖家写折扣 1 美金基本引起不了消费者的兴趣。③更容易采用阶梯式打折方式吸引顾客,买多折多,需要把定价和利润核算好。④增加捆绑销售权重,采用 A,B 打折,买 B,A 打折的形式可以人为干预亚马逊的推荐 Listing。

二、亚马逊 Coupon 怎么设置

亚马逊 Coupon 的设置和普通的促销比起来很简单,具体如下。

(1)进入亚马逊 Coupon 设置页面。打开网址"https://sellercentral.amazon.com/seller-coupons/coupon",点击"create a new coupon"并搜索 ASIN /SKU 或者商品名称,添加商品。

在亚马逊 Coupon 栏可以创建优惠码,类似于广告功能一样可以进行分组、暂停、取消等。

(2)选择折扣和预算,最低 100 美金,可以随时停止。

(3)如果商品金额较高可以选择直接按金额减免,如果商品金额较低,可以选择按百分比减免。

三、亚马逊 Coupon 功能小技巧

最新的亚马逊内部数据声称,目前有 70% 的卖家使用过优惠券。使用亚马逊 Coupon 30 天的 Listing 转化率会有个位数的提升,所以越早使用越好,晚了就又红海了。

(1)配合 SP 广告 /站外广告,增加转化率,降低 ACOS。

(2)对于特殊类目商品,比如学生用品/母婴用品,可以设置展示人群,以便展示更精准、更有针对性。

(3)如果促销设置的是独用型,Coupon 和老的促销不会同时打折,卖家可以放心使用。

(4)一次成功的使用收费 0.6 美金。不购买则不收费。

课后习题

1.简述做自动广告的两个优点。

2.手动广告有哪三种匹配方式? 请分别进行举例。

3.简述展现量和点击量两者的不同之处和联系。

4.对于新手而言,在刚接触亚马逊 PPC 广告时,推荐采用何种关键词匹配方式?

5.在广告 Campaign 中,有几种广告扣费方式? 它们分别是什么?

6.在亚马逊促销活动 Percentage off 中,有几种优惠码种类? 它们分别是什么?

7.亚马逊目前为卖家提供哪几种秒杀活动? 其中普通卖家最常使用的是哪一种?

8.请简述 Lighting Deal 的申请条件。

9.为什么要在秒杀前加大广告投入? 请简述原因。

10.如果客户通过亚马逊 Coupon 对商品进行下单,那么亚马逊将会收取卖家多少费用?

第十章　亚马逊进阶方法

本章要点

- 商品搜索排名落后的原因
- 如何提高商品搜索排名
- 提升商品类目排名
- 跟卖
- 爆款打造

第一节　商品搜索排名落后的原因

在亚马逊平台上，每天都有成千上万的买家用关键词搜索商品，当他们产生搜索这个行为时，必然是有购买商品的强烈意愿，这也意味着卖家的商机来了，那如何使自己家的商品更加容易被买家搜索出来呢？这是卖家们很关心的一个问题，所以下面特地来讨论一下。

一、什么是搜索排名

我们知道，亚马逊使用的是 A9 搜索引擎技术。当买家在平台搜索框中输入某个关键词进行商品搜索，就代表他使用了亚马逊的 A9 搜索引擎技术，搜索引擎会据与买家所使用的关键词的匹配程度，对平台的商品信息展开搜索并进行排序显示，这就叫作搜索排名。

举个简单的例子，如果买家想要买一台冰箱，按照一般人的习惯，买家会直接使用关键词"Refrigerator"（箱）进行搜索，平台上所有与"Refrigerator"这个关键词相关的商品都会被搜索出来，而且，与买家使用的关键词配程度越高的商品，就会排在越靠前的位置。买家想要搜得再准确一些，可以选择在指定的"（电器）大类"里进行搜索。

又或者，买家可按照不同的排序类型进一步查找商品，可点击"Sort by"（排序）。在"Sort by"里面，有不同的排序类型，具体如下：

Relevance：这是与关键词的匹配程度最高的，排在首页。

Price：（Low to High/High to Low）：按价格从低到高或从高到低来排序。

Avg. Customer Review：客户打分，星级评分最高的商品排在首页。

Review：搜索时买家评论数量最多的排在首页。

Newest Arrivals：最新上架的排在首页。

不同类目的商品搜索类型会有所不同，有的商品也可以按"Featured"（有特色的）、"Publication Date"（出版日期）的排序条件来搜索。

通过不同的搜索条件，买家搜索到不同的商品并点击进行浏览，再经过仔细挑选，最后买到满意的商品。

二、哪些商品的搜索排名比较靠前

按照用户的搜索习惯和浏览习惯，当使用一个关键词搜索后，一般会重点浏览排在前几页的商品信息。那么，哪些商品的搜索排名会比较靠前呢？为此，我们特地使用关键词 Ceramic Knife(陶瓷刀)进行搜索。

大家可以看到，排名靠前的商品都是比较有特色的。比如：选择发 FBA 的商品的搜索排名会比自发货的靠前；做了付费广告带有"Sponsored"标志的商品总会显在搜索页面的右方或者下方；带有"Best Seller"标志的商品会经常在前几页显示，也有一些评价数量较多、价格比较优惠的商品排在前面。不难看出，亚马逊喜欢将使用 FBA 物流的、做了广告的、热门的商品放在靠前的位置展示。所以，如果卖家要提高搜索排名，不妨从以上这几点入手。

三、为什么刚上架的商品搜索不到

一般情况下，卖家的商品关键词设置得越好，曝光被搜索到的机会就越多。可能有一些卖家也会注意到，自己刚上架了新商品，而且很用心地刊登了商品，无论是标题、描述还是图片等，都做得不错，但在用关键词进行搜索时，却发现自家的商品犹如石沉大海一般，翻了几十页也找不到踪影，这又是什么原因呢？

如果有这种搜索不到商品的情况，主要原因可能是这个商品在平台上是比较热门的，销售的卖家很多，商品之间存在很激烈的竞争，但是因为卖家新刊登的商品的浏览量、销量、转化率、评价的数据还没有累积起来，因此新商品的权重不高，亚马逊也不会将这个商品放在流量好的展示位置，因此用关键词搜索不出自己家的商品，或者是排在几十页之后，也是很正常的。

四、搜索排名与类目排名的区别

1. 两者概念有区别

亚马逊平台存在搜索排名和类目排名这两种排名。有些卖家可能会以为这两个排名是同一回事，以为类目排名高了，搜索排名就一定靠前。而实际上并不是这样。搜索排名与类目排名是两个不同的概念，影响二者的因素以及各因素的权重是不一样的，卖家们需要将它们区分开来。为了更好区别二者，下面简要地总结一下有哪些因素会影响搜索排名与类目排名。

搜索排名的影响因素有商品与关键词的匹配程度(即相关性)、销量与转化率、账号权重及账号表现。类目排名的影响因素有销量、转化率、绩效指标、是否发 FBA、好评。

不难看出，影响搜索排名的因素主要是商品与关键词的匹配度，而影响商品类目排名的因素主要是销量和转化率。因此，就算某个商品在某个类目排第一名，也不代表它的所有关键词的搜索排名都会显示为第一名。

2. 类目排名与搜索排名的相互作用

搜索排名与类目排名既然有区别，那么二者的关系如何呢？二者是相互促进的。类目排名的提高有助于搜索排名的提高，当一个商品的销量越好，类目排名就会越靠前，积累的粉丝越多，口碑会越好，自然会产生不可小觑的品牌效应，知道某个商品或者某个品牌的人多了，自然而然就会刺激买家进行精准搜索，包括用店铺名称、品牌名称或者 ASIN 码搜索。而搜索的买家多了，也会给商品带来更多的流量，从而提高销量与转化率，也有助于类目排名的提升。

第二节 如何提高商品搜索排名

我们提到，一些卖家对自己刚刚上架的新商品进行搜索时，难以搜到，原因在于新商品的权重不大，所以搜索排名滞后。卖家如何提高新商品的排名呢？先要了解一下商品的搜索排名受到哪些主要因素的影响。

一、影响商品搜索排名的主要因素

影响商品搜索排名的主要因素大致上可以分为以下三个方面。

1. 关键词的相关性

关键词的相关性是影响搜索排名的基本因素，即商品被搜索到的前提是商品与买家搜索所用的关键词相关，比如买家输入的是"冰箱"这个关键词，如果卖家 A 卖的是电脑，就算 A 是大卖家，亚马逊也不会将 A 的电脑推送给买家。假如 A 卖的是冰箱，B 卖的也是冰箱，那么就看 A 和 B 谁家的商品与买家使用的关键词比较匹配了，匹配程度越高的商品，在搜索页面上也就在越靠前的位置显示。

2. 销量与转化率

每个商品的销量不一样，转化率也各有不同，销量与转化率也会影响商品的搜索排名。

3. 账号权重及表现

亚马逊平台的理念之一是重商品、轻店铺，并且极为重视买家的购买体验，如果卖家店铺的绩效指标表现很出色，在商品或服务方面做得也非常好，那么亚马逊也会相应提高这家店铺商品的权重。

新卖家怎么样提高商品的搜索排名呢？首先，我们要清楚，搜索排名是基于关键字搜索的一种排名，所以卖家应该将重点放在商品关键词的使用上面，尽量与买家搜索时使用的关键字相匹配，对上架商品的各个细节做好优化和调整。

二、对商品详情页面进行优化调整

提高关键词的匹配度，大致上要注意以下几方面。

1. 商品的所属分类

在刊登商品时，要正确选择商品的大类和细分子类。如果商品分错类，或者分到了不该分的类目里面，除了可能会受到亚马逊的警告，也有可能会错失很多的搜索流量，不过只要卖家仔细一点，分错大类这种问题是不会出现的。

2. 标题

标题是影响搜索排名的一个重要因素，占有很大的搜索权重。标题能够给商品创造利润，需要卖家用心写，一个好的标题，既要表现商品的基本信息（包括核心关键词，如品牌商品系列型号、材料的主要成分、颜色、寸、数量等，而标题上的第一个关键词一般是品牌名），又要符合买家的搜索习惯，且要比竞争者所用的标题更好，所以要想写出一个好的标题，卖家不仅仅需要掌握商品的基础信息,更需要了解市场、了解买家以及竞争对手,关于如何写好商品的标题,可以参阅前文介绍标题撰写的部分。

3. Search Terms(搜索词)

"Search Terms"里设置的关键词不在亚马逊前端显示,填写进"Search Terms"里的关键词就相当于商品信息的数据库,当买家用某个关键词搜索时,如果"Search Terms"里恰好写有这些关键词,那么亚马逊系统就会进行自动匹配包括完全匹配、词组匹配、模糊匹配。所以卖家在填写 Search Terms 的时候,可以填写在标题中没有用到的关键词,也可以尽量将"Search Terms"这一栏填满。

4. Bullet Points(五行描述)和 Description(长描述)

Bullet Points(五行描述)主要用来罗列商品的主卖点、亮点,包括商品的介绍、尺寸、功能、商品特点及优势、运输时间、用途(比如节日送礼)等。而 Description(长描述)作为五行描述的延伸,卖家可以在这里详细地描述补充商品的信息。虽然这二者对关键词搜索产生不了多大的影响,但是好的 Bullet Points 和 Description 能够吸引买家进一步了解商品,在商品的详情界面停留的时间更长,从而降低跳出率(跳出率是指只访问了入口页面就离开的访问量与所产生的总访问量的百分比),提高转化率。

5. 图片质量

图片具有直接的视觉冲击力,有时候甚至会比文字描述更能吸引人。卖家在刊登商品之前,对商品进行拍摄时多注意角度、光线,图片要够清晰,不宜过度修图。关于如何提升商品的图片质量、吸引买家驻足浏览,可以参阅前文介绍图片上传的要求的章节。

6. 创建多属性变体

对于有不同颜色跟尺寸的商品,卖家可以创建多属性变体。创建父子变体后,多条子商品也作为独立的商品,可以增加商品的搜索权重。同时所有子商品的评论都会集中在一个商品之下,好评数量越多,对提高转化率越有利。

对于亚马逊新手来讲,运营初期可能经验不足没法写出令人满意的标题。不妨先看看优质竞争对手是怎么描述商品的,可以找同类商品的"Best Seller"或前一百名的商品,仔细研究排在前三页起码 5 种以上的商品详情页面,重点研究这些优秀的同行是如何打造标题、如何描述商品亮点和详情、如何进行图片优化的,并且进行适当的模仿。

三、得到黄金购物车 Buy Box

1. 亚马逊卖家如何获取 Buy Box

据统计,在亚马逊平台,通过 Buy Box(黄金购物车)成交的订单约占平台总订单量的 80%以上。作为卖家,想要获取 Buy Box,首先是要成为专业卖家(Professional),对于为了节省店铺月租而以个人卖家(Individual)身份进行销售的账户,是没有获得 Buy Box 的机会的。

对于全球开店身份注册的账号,一般情况下,在开通之初就可能拥有 Buy Box,如果全球开店身份注册账号,发布商品后发现没有 Buy Box,不妨联系自己的客户经理,询问情况并请求其协助开放。这里需要说明的是,全球开店账号,虽然可以从一开始就拥有 Buy Box,但并不会因此而在曝光量和流量方面有什么特权,新账号获得购物车更多的是为了给站内推广做铺垫,毕竟,没有 Buy Box 是做不了站内广告的。

2. 成为 Buy Box 卖家需要满足的基本条件

(1)卖家需要拥有一个专业卖家账户。

(2)卖家需要是特色卖家。特色卖家的要求是卖家需要在亚马逊上有 2 到 6 个月的销售概率,拥有一个比较好的卖家评级、送货评级,其订单错误率低于 1%。

(3)商品需要是新的状态。如果是翻新或者二手商品,Buy Box 有另外一套标准。

(4)商品必须要有库存。如果现有满足要求的卖家没有库存,那么 Buy Box 会自动转到第二位卖家。

3. Buy Box 也不是一直不变的

Buy Box 会随着一个商品页面销量和账号表现等参量的变化而变化(包括消失)。具体来说,影响一个卖家获取 Buy Box 的因素有以下几点:

(1)卖家身份。个人卖家没有获取 Buy Box 的可能。

(2)发货方式。FBA 发货卖家获得 Buy Box 的概率要优于自发货卖家,美国本土发货卖家获取 Buy Box 的概率要优于美国本土之外发货地的卖家。

(3)价格。账号表现和发货方式相同的情况下,价格低的卖家获取 Buy Box 的概率要多于价格高的卖家。

(4)卖家评级。卖家评级高,账号总体表现好的卖家获取 Buy Box 的概率要优于评级低的卖家。

(5)库存数量。当其他参数相当时,库存数量多的卖家获取 Buy Box 的概率要优于库存数量少的卖家。

第三节　提升商品类目排名

亚马逊是一个重商品、轻店铺的平台,因此也不存在什么店铺排名。但商品成千上万,为了更好地将商品推荐给买家,亚马逊对商品进行了排名类目排名(Best Sellers Rank)。

一、关于类目排名的详解

卖家在上传商品时,都需要将商品分到大类和大类下面的子类里面。因此,商品被分到不同的类目,竞争环境不一样,所占的排名位置自然也不一样。

1. 一个商品在不同类目,排名不一样

每个商品的表现都不一样,因此排名自然也是不一样的。下面,我们来看一下某个商品的类目排名情况。

Best Sellers Rank

#19 in Cell Phones& Accessories(See Top 100 in Cell Phones& Accessories)

#2 in Cell Phones& Accessories > Cell Phone Accessories > Batteries& Battery Packs>Portable Power Banks

#2 in Electronics > Portable Audio Video > MP3 MP4 Players Accessories > MP3 &MP4 Player Accessories >Batteries& Battery Packs

＃19 in Electronics ＞Cell Phones&Accessories

这个商品在"Cell Phones& Accessories(手机及配件)这个大类的排名是第 19 名,在子类"Portable Power Banks"(便携式电源银行)的排名为第 2 名,在另外一个子类"Batteries & Battery Packs"(电池及电池组)的排名也是第 2 名。

卖家们可能会心存疑惑,它怎么会有这么多不同类目的排名? 这是亚马逊系统匹配的呢,还是卖家将商品上传到了不同的子类目上,从而可以在多个子类目占有排名? 实际上,这是亚马逊系统匹配的。亚马逊会综合卖家的销量、转化率、绩效指标、是否选择 FBA 发货等因素,来决定该商品在大类目中的排名。如果卖家的商品卖得不错,又可以放在其他的相关类目里面,那么亚马逊就会将这个商品放在其他类目,并进行排名。

2. 类目排名是动态的

(1)商品上架之后,没有出单是不会有排名的,当出了一两个订单后,一般只有一类目的排名,后期的销量慢慢提升上去了,在其他类目的排名也自然就有了。

(2)一些商品存在变体,有不同的子体。有些类目的子体的排名是分开的,而有些则是共用一个排名。

(3)卖家的商品如果原本只有一个类目排名,但销量很不错,排名也很靠前,也想在其他类目或相关子类目占有排名的话,卖家可以发邮件向亚马逊申请。

(4)商品的类目排名随时都在变动,早上排第 1 名,也许下午就排在第 15 名或者第 7 名。那么,排在哪个范围内算是比较理想的呢? 答案是在大类目下前十万、二级类目下前一万、三级类目下前一千、四级类目下前一百。

二、影响类目排名的因素

1. 销量

高销量一直是卖家追求的目标,对于商品的类目排名而言,销量好比是分数,分数越高,排名就越靠前。很显然,销售数据是卖家的商业机密,亚马逊是不会在前端公布卖家的历史销售数据或者近期销售数据的,所以会有以下两个结果:①卖家无法知道自己在意的竞争对手的某个商品有多少销量。②对于某个商品的销量,实家可以在后台统计但有些商品的销量却是无法统计的。这是为什么呢? 原因就是这个商品被其他卖家跟卖了,并且在其他店铺产生了销量,这部分销量卖家是无法知晓的。

总体来讲,当一个商品的销量高,近期的销量也在上涨,这对于类目排名的提升是非常有利的。

2. 转化率

转化率是指卖家后台的订单数量转化率,即订购商品数量与所有的买家访问数量(点击量)的百分比。其计算公式如下

$$订单数量转化率 = 订单数量/买家访次数 \times 100\%$$

转化率越高,意味着销量越好,对排名就越有利。举个例子,一个卖家的商品新上架不久,买家访次数是 119,下了 2 个订单。那么,商品订单数量转化率是

$$2/19 \times 100\% = 1.68\%$$

3. 指标

卖家的指标也是影响商品类目排名的一个因素,亚马逊给卖家账户设置了各项绩效指标,包括订单缺陷率<1％,配送前取消率<2.5％,迟发率<4％,有效追踪率>95％,准时到达率(针对卖家自配送)>97％等。如果卖家的各指标都控制得很好,那证明卖家在商品服务方面都做得不错。对于绩效优秀的卖家,亚马逊自然很愿意将他们推荐给买家。

4. 好评(Feedback Review)

买家给予的好评也是影响商品排名的一个重要因素。卖家在商品、物流与客服等方面的服务都做到位,买家满意了,会给卖家打高分和留5星反馈。

5. 是否发 FBA

亚马逊 FBA 发货速度快、服务好、效率高,亚马逊也鼓励卖家使用 FBA。而当卖家发了FBA,抢占到了黄金购物车,商品的曝光量和流量也会随之增大,也能提高销量和转化率。

三、商品的搜索排名下降了

1. 销量不好

销量是影响商品类目排名的一个重要因素。今天没有出单、今天出的比昨天的少,都有可能导致排名下降。

2. 卖家改坏了商品详情页面

卖家的商品销量还算稳定,也有增长,排名也在上升,但是若卖家急功近利,频繁地修改商品标题、关键词、描述等,这些行为极有可能导致商品排名下降。因为大幅度地修改商品详情页面,会严重影响到它的稳定性。

那什么时候能改商品详情页面?一般情况下,当商品出现销量下滑或者商品信息需要更新的时候,才去做优化调整,而不是频繁地改来改去。当然,如果商品还没有什么销量,排名也靠后的话,是可以进行更改的。这个时候的更改可以看作是优化商品详情页面,所以不仅不会掉排名,还有可能提升排名。

3. 卖家收到差评

卖家没有服务好客户,一不小心导致买家留了差评。就是这么一个差评,可能就会导致卖家的排名大幅倒退。也可能因为这么一个差评,吓跑了一批有意向购买的潜在买家,降低了转化率,这样的话,销量要想涨上去比较困难。

4. 断货

卖家的商品表现不错,排名也很不错,也使用了官方推荐的涨销量的标配 FBA,且亚马逊也给卖家提供了流量占优势的展示位置,比如黄金购物车。在这种关键时刻,卖家千万不要断货,否则排名也会掉得非常严重。一旦掉下去,再想爬上来就难多了。而且就算补了货,亚马逊也不一定会再分配黄金购物车,排名也不一定能恢复到以前的水平。所以,卖家一定要注意自己的库存,尽早、及时、快速补货。如果实在是无法及时补货,可以选择将价格调高,或者改为自发货,减少损失。

5. 价格不合理

每个卖家都很想自己的商品排名靠前。有些卖家为了提高商品排名,索性就将价格设低,以为降价了可以提高排名。不可否认,降价确实对买家有吸引力但假如降价不合理,买家恐怕也不敢买单。相应地,抬高价格也同样并不一定就是好的选择。所以,定价一定要合理,该降的时候降,该涨的时候涨,价格定在合理的范围之内即可。

6. 同行的竞争能力超越了卖家

有时候,卖家可能什么都做了,但排名还是后退了,这种情况很大的可能是别的卖家的销量快速上涨,导致其商品排名下降。

四、商品的排名不稳定

商品的排名不稳定,忽高忽低,需要在意吗?其实在一些竞争激烈的类目下,卖家在一天之内多出一两个订单,排名有可能往上涨许多;但也有可能因为收到一个差评,排名往下掉很多,这都是很正常的。再加上亚马逊的各种指标考量,所以排名的事情有时候无法把控,只要不是过于异常,卖家无须过于在意。

五、提高商品类目排名的方法

1. 保证商品的质量

想涨销量打造"爆款",想日出千单,保证商品质量是最基础的。而商品详情页面的优化、站内外推广等都建立在商品品质有保障的基础之上。如果连商品质量都无法保障,谈排名便毫无意义。

2. 优化商品详情页面

优化商品详情页面是基本的运营工作,包括图片、标题变体、关键词、详情描述这些内容的优化。

3. 发 FBA

选择发 FBA 是推广新品的标配之一,有利于抢夺黄金购物车,有利于提升用户体验,有助于增加商品曝光度,提高商品的转化率。选择发 FBA 好处有很多,对排名绝对是有帮助的。

4. 做 CPC 站内广告

要做好按点击付费 CPC(cost per click)广告,要在关键词投放方面下功夫。不过在做 CPC 站内推广之前,卖家要先确认商品是否有做 CPC 站内推广的条件优势,比如是否有黄金购物车,是否是专业卖家。如果没有黄金购物车或者不是专业卖家,是无法做 CPC 站内推广的。此外,需要注意的是,做 CPC 广告投放,并不是出价越高排名就越靠前。这个排名依然要看卖家账户表现,毕竟亚马逊希望把最好的商品展示给消费者,从而给平台带来更大的销售额。

5. 定期做促销活动

定期做促销,比如平常做满减促销、每逢节假日做节日促销,以此吸引买家,进而提高买家的黏性。

第四节　跟卖

作为亚马逊平台的卖家,需要了解一下跟卖。什么是跟卖?跟卖有什么好处?怎么样进行跟卖？当然，卖家跟卖了别人的商品，卖家的商品也有可能被别人跟卖，那又该如何防跟卖呢？下面我们就来聊一聊亚马逊平台的特色之一——跟卖。

一、什么是跟卖

举个例子，当卖家 A 创建了一个商品页面，其他卖家发现这个商品销量很好，于是也跟着卖这个商品。于是出现了不同卖家之间的同款商品共用同一个详情页面的情况，这就是跟卖。它要求跟卖方的跟卖商品必须与被跟卖方的商品一模一样，包括商品的品牌、外观、包装、功能、颜色、大小等。

亚马逊出售的办公用品位于黄金购物车，而在右下角出现的"Other Sellers on Amazon"就是其他跟卖的卖家，他们也在出售同款商品，如果点击"new"可以看到所有的跟卖卖家，以及各个跟卖卖家的商品价格、运费、配送物流等信息。

亚马逊设定跟卖这个游戏规则，与它重商品、轻店铺的运营理念有关。不同卖家之间的同款商品共用同一个详情页面，可以避免出现大量重复的商品和页面，给买家带来良好的购物体验，也促成卖家彼此之间的良性竞争。

二、跟卖的好处与风险

（1）被跟卖的商品一般都是比较畅销的，跟卖能快速截获流量，最直接的效果就是增加订单量，提升店铺的流量，带动店铺里其他商品的销量。对于新卖家来说，是一条不错的捷径。

（2）跟卖方直接利用被跟卖方建好的商品页面，无须再次创建页面，上下架也很方便，想卖就卖，不想卖时就下架，省时省力。

（3）跟卖是一种高风险、高收益行为，其中，最大的风险莫过于被有授权的卖家或品牌商以及买家投诉，导致账户受限或被封。

三、参与和取消跟卖的方法

1. 参与跟卖的方法

卖家可以用以下两种方法进行跟卖。

（1）找到需要跟卖的商品，在商品购物车的下方有一个"Sell on Amazon"按钮。点击该按钮，填写相关信息即可跟卖。

（2）进入亚马逊后台，找到"Add Product"按钮，然后在搜索框输入 UPC 码（或 EAN 码或 ASIN 码）或商品标题，找到需要跟卖的商品，点击"Sell Yours"按钮即可跟卖。

2. 取消跟卖的方法

如果卖家不小心跟卖了有品牌保护的商品，又或者中途不想再跟卖了，可以直接停售跟卖商品，又或者通过以下两种方式在后台"inventory"中取消跟卖。

（1）点击"Close the listing"，把跟卖的商品的库存改为 0。

（2）点击"Delete the product and listing"，删除跟卖商品。

另外，如果被有品牌授权的卖家发通知要求下架，否则会向亚马逊投诉，建议卖家最好做删除处理。

四、跟卖时关于商品详情页面的编辑权限

（1）当卖家在亚马逊后台创建好商品详情页面后，原则上来讲，只有亚马逊平台和创建者具有商品详情页面的编辑权限。但是当这个商品被跟卖后，也就是说，当不同卖家之间的同款商品共用一个详情页面后，除了亚马逊平台具有绝对的修改权限以外，也就只有综合指数最好的那一位卖家有商品详情页面的编辑权限，其他卖家是没有的（其他卖家只具有编辑跟卖商品价格的权限），甚至连最初创建商品详情页面的那一位卖家，也不一定有商品详情页面的编辑权限。

（2）如果创建商品详情页面的卖家发现自己的商品被人跟卖了，而自己还有商品详情页面的编辑权限，那么卖家可通过修改商品详情页面的参数防止被跟卖（因为修改商品详情页面会影响商品排名）。

五、如何安全跟卖

（1）卖家首先要保证跟卖的商品有充足的货源且保证商品质量，不要为了跟卖而跟卖，如果不能保证商品的质与量，那么跟卖不是明智的选择。

（2）亚马逊允许跟卖，但也注重品牌保护。卖家在进行跟卖前要详细查看商品详情页面，包括商品图片、Logo 细节与文字描述，更需要仔细查询被跟卖的卖家的商标注册和备案情况，卖家可在 Google 或美国联邦政府的商标网进行查询（http://tmsearch.uspto.gov），防止出现侵权的情况，如果查询到对方没有注册品牌，则可以跟卖。

（3）像 Apple、Cannon 这些世界知名品牌的商品，有授权的话千万不要跟卖。

（4）在跟卖期间要留意其他跟卖方的价格变动，适时调整跟卖商品的价格，但价格也不宜设得太低，要确保有盈利的空间。像一些结构简单、利润低的商品，则没必要跟卖。

（5）时刻关注商品详情页面的变化，不要商品信息已由 A 改成 B，卖家自己还不知情，发错货容易被买家投诉。跟卖的卖家容易赚到意外的订单和流量，是好事一柱，但是对于那些被跟卖的成熟卖家来说，则有害无益，不仅销量、利润会有明显下降，可能还会卷入价格战。

六、如何防止跟卖

1. 在商品或包装上做防伪标记

如果没有进行品牌保护，卖家可以将不同的商品组合在一起，进行搭配销售。又或者将 Logo 印在商品或者包装上，让别的卖家无法跟卖。

2. 向亚马逊举报跟卖的卖家

如果卖家手握品牌代理权或商标权却遇到跟卖，可以第一时间与跟卖卖家沟通，告诉对方自己的商品是受品牌保护的，要求其移除跟卖，如果对方很自觉下架商品，那么就不用再追究了，但如果对方不听劝，那么被跟卖的卖家可以再给对方发警告邮件，若多次警告依然无效，就可以直接向亚马逊投诉跟卖的卖家。

3. 注册商标、申请品牌备案来维护自身利益

卖家可以申请注册当地商标，然后在亚马逊平台上申请品牌备案，通过打造自主品牌来防止别人跟卖。同时，为防患于未然，卖家可以在商品研制和开发时就申请专利保护。当然，这

只能起到保护的作用,想成为真正的知名品牌,还需要很长的时间来沉淀。

跟卖确实是涨销量、涨流量的有效手段,但如果新卖家想在亚马逊安安稳稳地赚到更多,单靠跟卖是不可能的,还需要自己创建商品,打造好自己的商品和品牌,踏踏实实地做好该做的事情。

第五节 爆款打造

无数的亚马逊卖家都希望能够打造出"爆款",让商品在官方首页上得以展示,这不但意味着能够得到更多的订单、赚取更多的利润,还有可能远超竞争对手,获得进入壁垒,保持高市场占有率的优势。既然打造亚马逊"爆款"如此重要,那么需要卖家做些什么呢?

一、亚马逊对于卖家的要求

亚马逊作为知名的国际电商平台,目前不但对申请入驻的新卖家的审核标准越来越高,而且对已入驻的老卖家的考核指标也越来越高。非常明显的一个趋势,就是要卖家实现品牌化,要卖家精细化运营"小而美"的店铺,卖家要想在亚马逊上打造"爆款"就必须迎合这种游戏规则,少而精的"爆款"思维才能走得更远。

二、买家对于卖家的要求

亚马逊上的买家对于卖家的要求很简单:如实拍摄和描述商品,让我更准确地判断它到底是不是我想要的;物流和服务都能够让我满意;我有需要会联系你,没有需要你不要时不时来打扰我。

这些要求,亚马逊的机制已经帮助买家满足了。买家之所以选择亚马逊这个购物平台,就是基于对亚马逊的信任,相信亚马逊会为他们推荐具有高性价比的商品,他们并不关心买到的商品是哪个厂家生产的,是从哪个国家运来的,甚至记不住它的商标,除非质量特别好。

世界上的品牌那么多,亚马逊的买家不会费力气地去一个个甄别,亚马逊的规则已经帮他们做好了这一点,商品如果质量有问题或者描述夸大,买家只需申请退款和发起投诉就好了。如果卖家给买家(尤其是给了差评的买家)打电话或者发邮件进行骚扰,亚马逊会给卖家一定的处罚,严重时可以封店。

亚马逊也可以借助这些买家的客观评价,有效地筛选出最具性价比的商品,商品品质不好的卖家会被淘汰掉,价格和同行相比太离谱的卖家会被淘汰掉,物流不及时的卖家会被淘汰掉,服务态度不好的卖家也会被淘汰掉,最终形成一个良性闭环。

三、打造"爆款"的要素

1.商品

知道了亚马逊和买家对于卖家的要求,基本上也就知道了如何去打造"爆款",按照这样的思路去做好每一项,成功的概率就会大一些。

其实,想要打造"爆款",首先要重视的就是商品,可以说"爆款"的根本就在于商品,只有贴近市场、符合潮流、满足消费者需求的商品才有成为"爆款"的潜质,而不是卖家自己认为好的商品。

"爆款"的打造是一个系统性的工程,不是拍脑袋的决定,也不是一时兴起的灵感,它需要对市场进行调研,对商品进行完善,对商品详情页面进行优化,对营销进行创新,对售后进行把控,还需要时刻关注亚马逊的最新政策,以免不小心踩雷区。

开发或者选择商品的时候,一定要将市场上已有的痛点一一列出来,通过对行业的认知和对好评、中评、差评的整理分析,找到好的解决方案,挖掘或者创造出比市场上已有商品更具性价比和更能解决消费者实际问题的商品,同时在功能、外观、材质包装方面也适当用一些心。只要商品更好地满足了买家的需要,他们不但会留下好评,还会在他们的人际交往圈传播良好的口碑。

2. 商品详情页面优化

定价、标题、图片、长描述、五行描述、评论都是商品详情页面优化需要注意的,虽然亚马逊买家对价格不太敏感,但与同行相比也不能太离谱了;标题务必要清晰准确,不要造成歧义和误解;图片需符合亚马逊官方的要求,不要打擦边球;描述要简洁明了,直截了当,让消费者一看就明白;对于中、差评一定要及时跟踪处理,以免影响商品的曝光和排名。

上面讲的是商品详情页面优化中的几个比较大的板块,实际上每一个板块还有很多细节要注意,现在亚马逊上的商品太多了,竞争特别激烈,因此卖家必须在细节上比同行更加用心和细心,才能和他们去竞争。即便在这几个方面做得都很不错,卖家也要定期研究同行的商品详情页面,看看他们在类似的商品上是如何拟标题、如何写描述、有没有可以借鉴的经验。

一个好的商品详情页面一定是要经过多次修改、不断打磨的,只有像艺术家雕刻艺术品一样,用精益求精的态度去做,去斟字酌句,才能取得令人满意的成果。如果只是随便填个标题、写个描述,上传几张毫无亮点的图片,是很难脱颖而出的。实际上每一个标点、每一个句子、每一张图的选择,都要经过深思熟虑。

另外,如果卖家所销售的商品在亚马逊上已经有很多卖家在卖了,销量前五名的评价也已经很多了,卖家想让自己的产品占据一席之地,就必须在评价方面超出他们一大截。比如排名第四的亚马逊同行的评价是 700 条,自己的评价必须是 750～780 条才有可能把他挤下去。需要注意的是,如果想在评价上赶超排名靠前的大卖家,就必须做好打硬仗的准备,因为在追赶排名靠前的卖家的同时,他也在巩固着自己的地位并增加评价,只有比他更强,才有翻盘的可能性。

3. 推广

在做好商品详情页面优化的基本功后,就可以进行推广了。推广分为站内推广和站外推广,站内推广有 CPC 点击付费、满减、促销以及节日营销等方法,站外推广则是通过知名的视频网站、社交网站、促销网站来对商品进行曝光和推广。需要卖家思考的是,推广和引流的方法和手段或许不少,但一定要根据自己的商品和资源选择最具性价比的推广渠道。在实力还不是很雄厚的时候,切忌广撒网,否则既分散了时间,也分散了资金,把一种推广形式做深、做精、做透即可。

4. FBA

打造一款可以上亚马逊首页的"爆款",不用 FBA 基本上是做不起来的,这是做"爆款"的标配。FBA 的发货速度是自主发货所无法比拟的,同等条件下亚马逊官方也会给到使用 FBA 的卖家更多的展示机会和更好的排名,买家尤其是亚马逊 Prime 会员也更青睐于选择 FBA 的卖家。卖家只是需要注意 FBA 库存一定要充足，不要断货。

5. 买家体验

其实亚马逊卖家要做的一切，都是围绕着良好的买家购物体验来进行的。商品好了，买家才满意，物流快了，买家才开心，商品详情页面既完整又精简，才能节省买家的时间。所以要想打造"爆款"，或打造了"爆款"想让它是持续的"爆款"，而非昙花一现，就要做好有关买家体验的每一个细节，并且不断深入和优化，与时俱进。服务不只局限于售前和售中，售后也要重视起来，促使买家二次购买或留下好评。

以上这些内容要真正做到，绝不是一朝一夕的事情。既需要卖家将亚马逊的后台操作掌握熟练，还需要对亚马逊的规则了如指掌，既要有全局思维，还要将上面提到的要点逐一落实。只有这样才能打造出"爆款"，才能让商品上首页，才能让商品不被同行的商品所超越。

课后习题

1. 搜索排名和类目排名有什么不同？
2. 类目排名和搜索排名的内在联系是什么？
3. 影响商品搜索排名的主要因素有哪些？
4. 影响类目排名有哪些因素？
5. 提高商品类目排名有哪些方法？
6. 什么是跟卖？
7. 如何跟卖其他商品？
8. 如何防止被别人跟卖？

第十一章 亚马逊客服

本章要点

- 差评管理
- 申诉管理

第一节 差评管理

亚马逊差评分两种,分别为 Feedback 差评和 Review 差评。亚马逊早已明文规定并且多次修改相关政策,针对商品评论的真实性进行严厉打击。许多卖家在对政策解读不够的情况下,利用各种方式尝试对买家进行索评,导致非常严重的后果。

一、七条让卖家避免踩坑的建议

(1)若这个商品是在有折扣或者是在优惠券的情况下购买的,不要向买家索要评价。

(2)不要向买家索求好评。

(3)不要尝试告诉买家留评内容,给予赠品或是诱导他们留评。

(4)不要向已经留过 Feedback 的买家索求评论,因为这样叫选择留评者。

(5)若买家已经尝试在去除评论了,不要再发送卖家邮件。

(6)不要让朋友或者家人帮忙留评。

(7)不要聘请博客红人或者其他不是亚马逊平台的评测者留评。

二、如何移除亚马逊差评

一旦出现以下两种买家留评的情况,或者说不符合亚马逊的规范,卖家可以以"获亚马逊准许"移除差评:第一,买家把 Feedback 写成了 Review;第二,买家把 Review 写成了 Feedback。

1."符合亚马逊规范"的 Feedback 和 Review 移除法

(1)Feedback。Feedback 应该谈及货运、包装以及商品和容器的状况(是否有已经开启、泄露、裂痕、损坏等),还有售后客户服务(与商家交流的体验)。Feedback 相当于对卖家,甚至店铺的整体评分,应该与商品本身的问题无关。FBA 卖家还会因为到货延期、货物损坏或者退货问题得到 Feedback 差评,这些评分都会直接影响到店铺的整体账号健康。但不管是FBA 还是 FBM 的卖家,如果一个差评 Feedback 仅仅是因为商品本身的问题而留,卖家有绝对足够的理由去申请移除。

(2)Review。Review 应该只谈商品本身的问题。一般来说,亚马逊并没有移除商品评论的习惯。如果评论里面包含了 Feedback 的信息,或是根本没有留任何与商品相关的信息,亚马逊也是会考虑移除的。以下是亚马逊列出的对 Review 的"移除标准"。

评论区不当内容的有：带有恶意的或攻击性的语言；一个字词的评论；违反亚马逊政策的信息传播，带有推广性的评论；如果碰到恶意留评（买家不满意购买，就多次给同一商品留差评），亚马逊也是会考虑移除的。

有两种申请移除符合亚马逊规范的方法：Report abuse 和联系 Seller Support。推荐两个方法一起用，效果更佳。

第一种：Report Abuse。勾选了"No"以后，写下清晰的（条理清楚）、权威的（符合亚马逊的规定）、关于这个评论不恰当的理由。

第二种：Seller Support。在亚马逊"Contact US"的"Selling On Amazon Issue"选项下面，点击"Product Reviews"即可看到相关需要描述的问题。

如果亚马逊不批准移除，可以联系买家修改或删除。

2. 如何找出差评买家

方法一：对比买家 ID 法。点击 Reviewer 的名字，进去后的链接上面有一个编码，复制它，然后根据差评发表的时间范围在管理订单里面找那一段时间该 SKU 的订单，点击买家的名字，把刚才复制的编码粘贴到 message 里面，与该页面链接上的编码做比较，如果相同就是该买家写的差评。

第一步：找到 Profile ID。

第二步：从管理订单里面进去，找到所有订单，输入相关 SKU 进行查找。

第三步：拖到所有订单最下面，可以选择一页查询 100 个订单。

第四步：点击右键，选择"查看网页源代码"。

第五步：按"Ctrl＋F"进行查找，比对找到相关订单单号。

方法二：Wish List 法。

很多 Reviewer / Buyer 在购买商品之前，都会把商品加入"Wish List"，而这个 Wish List 就变成了找 Reviewer / Buyer 的关键。

我们举一个例子。卖家在商品页面发现了一个差评，但因为是留"Amazon Customer"无法比对买家姓名。

点击评论上方的笔名，来到 Reviewer 的 Profile 页面，尝试从 Profile 的 Wish List 里面寻找买家的真实姓名。

三、如何安全地给买家发邮件

邮件要以售后邮件形式发出，建议最好能在买家收到商品后，就马上能让其收到一封售后邮件。这封售后邮件的内容先要谈及操作性的问题，之后再提索求反馈。注意：安全考虑，最好只索求反馈。

以下是模板，仅供参考。

Handling Problems

If you have any questions about our product or if your experience with us was less than perfect in any way, please contact us immediately at [insert link] so we can make it right for you!

We hope you love your new [insert product name]! If you have any questions or if your experience was less than perfect in any way, please let us know so we can make it right [insert link].

Sometimes when a product is delivered by mail it gets damaged in shipping. Or maybe it's not quite what you wanted. It may not fit right. You may have changed your mind. We understand and we are here to help! Click [here] for easy returns with Amazon or click [here] if you have a question. We want to make it right for you.

Asking for Feedback

Please take a moment and share your experience with others! [insert link] We use customer feedback like yours to continuously improve our products. Other customers on Amazon rely on reviews to make informed decisions. Thanks for helping to make Amazon a better place to shop!

It has been a few days since your [insert product name] was delivered and we hope you are enjoying our product. As a small business, feedback from our customers means the world to us. We rely on people like you to let us know what we are doing right and where we could improve. Would you mind sharing your experience with others? [insert link] Thank you!

针对移不掉的差评,就只能回复了。但因为卖家的回复所有浏览该商品的人(包括卖家的潜在客户)都能看到的,所以一定要回复得有水平。要解释清楚为什么延迟,有什么解决办法,正在处理中等,取得买家谅解和同情。

第二节　申诉管理

一、A to Z 投诉

亚马逊平台上 A to Z 是美国亚马逊对购买第三方卖家商品的消费者实施的保护政策。如果消费者不满意第三方卖家销售的商品,可以发起 A to Z 保护。买家开启 A to Z 索赔需要满足三个条件:已通过"我的账户"中"联系卖家"按钮与卖家取得联系;卖家已超过 2 个工作日的时间未给予回复;买家的请求满足亚马逊商城交易保障索赔的情形。

1. 什么样的情况符合申请 A to Z 索赔

(1)买家未收到购买的商品,超过最晚送达日期 3 天后至付款成功后的 30 天内可以提交索赔申请。

(2)买家收到的商品有损坏、缺陷或者描述存在重大差异,在退换货期内已经联系卖家处理但未能解决。

(3)卖家同意退款,收到商品后未按照协议规定办理退款(如果拒绝退回商品给卖家,或者没有退货跟踪号,索赔可能不成功)。

(4)不满意卖家的商品质量或者服务。

2. A to Z 索赔的时限

(1)在预计配送日期 3 天后,或者下单 30 天内,以先到为准。

(2)最晚预计交货日期后 90 天内可以提出索赔。

（3）如果收到的商品是损坏的、有缺陷的，或与描述不同的，必须在 14 天内联系卖家，收到退货信息后，必须在收到的商品之日起 30 天内寄回卖家。

3. 如何处理 A to Z 索赔

每个 A to Z 索赔，亚马逊向卖家发送电子邮件告诉细节，并请求响应，给卖家一个机会去申诉。

A to Z 生成后亚马逊都会提示卖家必须在规定时间内回复，要不然亚马逊会直接退款给买家。

只有客户自己主动取消 case 才不扣分。删除差评后也不会扣分。每一个 A to Z 记录，亚马逊会保存一年左右。

二、Charge Back 处理

难免碰到对卖家服务不满意的客人要求退款。如果遇到这种事，虽然退费麻烦，但为了账号的安全，还是尽量满足买方的需求，因为亚马逊对客户的购买体验是非常重视的。退款步骤如下：

首先客户发出退款信息时，卖家可在"Claims Requiring Actions"的"Chargeback claims"那查询。"Chargeback claims"是买家请银行申请终止付款，通常如果有 late shipment 的情况，受影响的买家就会申请 Chargeback cliams。点击箭头指向 Chargeback claims 后方的数字。

进入 Chargebacks 的主页面有个 Chargebacks，点选"represent your case"向亚马逊说明 Chargeback 的原因。

进入了 Represent your case，提交发货信息，以及任何可以帮助亚马逊更加了解这 Chargeback 的状况资讯，放置在 Comment 栏位。

如果货已经签收了，卖家想要提供交货的图片证明给亚马逊 Amazon seller support，可以寄电邮给亚马逊并附带图片证据。

如果买家已经签收商品又申请退款，或如果客户下单后立马申请退款，卖家可能要有心理准备，表示卖家可能惹到哪些买家，要准备面对一些恶意差评。

注意，如果卖家对某个退款有意见，请在从 Chargebacks 产生开始的 10 天内向亚马逊申诉；所有退款都要在 10 天以内解决，因为信用卡对退款的处理天数是设定最多 10 天。

结论：如果商品有送到以及签收，先 Represent Case，然后再去 Contact Seller Support，记得附上截图。

课后习题

1. 阐述差评管理中卖家避免踩坑的七条建议。

2. 买家开启 A to Z 索赔需要满足哪几个条件？

3. 退款申诉期限是多少天？

4. 简述如何安全地给买家发邮件。

第十二章　亚马逊站外推广

本章要点

- 站外流量概览
- 站外引流之 Facebook
- 站外引流之 Twitter
- 站外引流之 YouTube
- 折扣网站引流

第一节　站外流量概览

一、站外传播的必要性

亚马逊有站内和站外两种推广方式,很多人都不满足于亚马逊平台站内推广带来的流量,想要通过在站外做一些推广来为自己的店铺带来流量。其实这件事的本质就是商品、流量和转化。第二个流量问题就是渠道的选择问题,但是选择好渠道只是第一步,如何从渠道获取精准流量进而达到转化才是最终的目的。

1. 商品

卖家要对自己的商品有一个明确的定位。第一步是将商品行业进行细分,根据商品的特点和卖点细分市场。第二步是根据第一步的分析,总结消费者需求,定位消费人群。卖家需要做的就是针对这些需求来确定哪些人群才是其精准人群,是其转化率最大的人群,然后再去了解这群消费者的属性和分布,再去选择渠道进行有针对性的传播和营销。

2. 流量

其实卖家不论选择在哪个平台去做、用哪些方式去运营,说到底还是渠道的选择和经营,就和卖家去运营亚马逊平台一样,要把站外这块当作一种销售渠道去经营,而不只是其他平台的一种辅助推广手段。只不过最终的支付购买过程是依托亚马逊这个平台去实现,渠道不仅仅只是一个引流的作用,渠道起的作用应该是帮助消费者更好地完成购物决策,减少比较的时间,帮助消费者选择一款各方面都比较满意的商品。

3. 渠道

商品定位明确之后,接下来就是渠道选择的问题,对于在国外做站外这块,根据商品特性和消费者的定位,选择几个相对比较符合需求的平台,这个环节的关键是对这些渠道的分析和判断,分析渠道或者平台的特点并了解这个平台。然后再去选择合适的方式去进行推广,比如有的适合发帖,有的适合制作视频,有的适合图片分享,有的适合做直播分享,卖家要根据商品的情况和他们的需求,选择最合适的渠道去做。

有时候别人的经验并不适合我们去一味模仿,所以不要看到别人做 Facebook 自己就去做 Facebook,别人去做 YouTube 自己立马就去做 YouTube,一定要对自己、对渠道有详细的了解之后再去做决策,所有不符合数据化运营的决策都是不可行的。

其实最重要的就是定位的问题,如商品定位、消费者定位,再去选择合适的方式去做,就会事半功倍。

二、站外推广的渠道途径

1. Deal 网站

卖家可以在亚马逊平台上做一些促销活动,然后分享到 Deal 网站,因为这个网站本身就汇聚着大量买家,大多数都有很强的购物欲望,属于精准买家。所以当他们看到自己感兴趣的促销活动,就会用卖家提供的折扣码下单购买商品,这样能够带来更多的流量和销量,在短时间内提高销售速率。

卖家如何让自己的折扣在 Deal 网站上更具吸引力？具体可以做到:①给出适宜的折扣,吸引更多人;②把商品页面优化好;③用 Deal 网站要注意的三类情况,避免选择的网站并不关注亚马逊的活动,留意各大 Deal 网站的限制,防止跟卖。

不过做 Deal 站有个尴尬的事情就是,Deal 站都是联系网站编辑上贴的,如果不是批量上贴的话,需要自己联系编辑,既麻烦而且价格还高。

2. Review 站引流

当卖家完成了商品页面编辑之后,就可以进行站外引流了,很多资深卖家会选择从专业的 Review 站开始,原因很简单,这些站点的流量非常大,同时转化也非常高。

3. Slideshare 引流

Slideshare 是世界上最大的 PPT 共享传播网站,它的流量是巨大的,亚马逊商家可以借助它来为其店铺进行引流。

商家可以将 Review 分成几部分,配上亚马逊的商品图片,做成 PPT,页数 10 页左右。PPT 里的商品关键词添加好卖家的商品链接,在作者介绍里也可以留下链接,目的就是为了引流。

卖家也可以找专业写 Review 的写手,来帮其写 Review,当然如果卖家自己会写更好,因为自己应该更熟悉自己的商品,写好之后可以上传到 Review 平台。这些完成之后,加上卖家的商品链接就可以放到 Review 平台上面去。

4. Pinterest 引流

注册一个 Pinterest Business 账号,最好是 Pinterest Business 账户。注册之后登录,验证网站,同时以卖家在亚马逊商品的关键词建立 Board。注册好账户后,登陆进去,验证卖家的网站,然后以卖家在亚马逊商品的关键词为名称建立 Board。例如,卖家的商品是 iphone 6s case,那么卖家就可以建立一个以"iphone 6s case"为名称的 Board。

然后,将卖家在亚马逊上的商品根据刚刚建立好的 Board 分类用 Rich pin 的形式(这个形式能更好地提高浏览量,点击通过率和购买率)分享到对应的 Board 中,例如卖家的商品是

iphone 6s case,就把其商品分享到"iphone 6s case"这个 Board 中。

5. Facebook 引流

直接把卖家的亚马逊商品的 Review 发布到他的 Facebook Fan Page 里去,做 PPC 或者 CPM 广告。

6. Facebook 群组推广

Facebook 具有免费、传播速度快和影响广等优点,利用 Facebook 做营销有很多种方法,其中一种就是利用 Facebook 群组做营销。

Facebook 的群组并不像国内的 QQ 群,首先在人数上 QQ 群是 2000 的上线,而 Facebook 群组没有上限,一万/十万/百万/千万都有。

很多企业利用 Facebook 群组做推广,基本都是采取广撒网的模式,不管什么群组先乱加一堆,然后就直接发各种广告,花费大量的人力和时间,到最后却没有达到效果。所以一开始的时候,我们要选择加一些高质量群组,里面含有企业的潜在客户,这样才能达到最大的推广效果。

现在的 Facebook 群组推广都是通过设置折扣码在 Facebook 上面找红人,由红人推广到群组,这是一个短时间推广影响很大的推广方式,也是目前主流的站外推广。

7. 网红营销

网红营销,顾名思义,即通过网红所在平台进行营销。网红主要是活跃在 Ins、Facebook 这些社群的人。在免费网站"www.influence.com"中输入一些跟商品相关的关键词,系统会按照条件搜索到正在为这类商品做推广的网红们。

其中平均互动率最为重要,因为这个数据可以用来评估该网红的粉丝黏性,以及他能否帮助卖家提高销量。以某网红为例,根据 1 万粉丝收 100 美金的标准,可以算出该网红目前的费用大概为 4800 美金,然后再评估其能带来多少商品销量。

8. 博客引流

博客引流分为免费和付费。免费就是自建博客。建几个或者多个都没有问题,软件直接读取 Slickdeal 的数据,Slickdeal 更新卖家也就同步更新,慢慢地就会吸引不少人,50% 的卖家还是会放自己的商品,但是也有 50% 的卖家会放别人的商品。付费就是在不同的博客站内投放文字、图片广告,按点击付费。

9. 谷歌搜索广告

这类点击付费广告(PPC)会显示在谷歌的搜索结果页面,是电商卖家需重点关注的一个广告项目。这类广告的每次点击成本(CPC)是由卖家在广告竞价时决定的。倘若卖家对自己的广告竞价没有概念,或许以下数据能够让卖家心里有个底:数据指出,2018 年美国谷歌搜索广告的平均 CPC 为 1.16 美元;2019 年,每个互联网用户每月在搜索广告领域的平均广告支出为 106.38 美元。

除了广告本身的投入,卖家还需考虑自己是否使用 Traffic Booster 这类电商流量工具,或者雇佣 PPC 广告管理机构、营销机构等,这将为卖家带来额外的成本开销。

10. Instagram 广告

2018 年,全球企业在 Instagram 广告上的投入达到了 68 亿美元,比 2017 年的 36.4 亿美元增加了 50％以上。

随着 Instagram 受到的关注越来越多，竞争也在加剧，这意味投资 Instagram 广告的电商卖家在 2019 年达到平均水平，需增加自己的营销成本。根据网红营销相关资源机构 Influencer Marketing Hub 的数据，通常卖家在 Instagram 广告的每次点击成本在 20 美分到 2 美元不等，这仅仅基于在平台上的实际广告支出，不包含其他的营销成本。

11. Youtube 引流

YouTube 作为全球最大的影片社群平台，其全球活跃用户超过 10 亿人，它在各地的营销价值甚至远远超越某些市场本土的媒体。YouTube 上更是趴了无数的网红可以用来做引流推广。

什么行业可以选择 YouTube 网红营销？根据统计显示，除了在影片展示中没有优势的工业原料和半成品商品，几乎所有的成品行业，如户外运动用品、电子器材、家用电器、家居用品、3C 手机配件、日用品等，都可以通过不同的 YouTube 网红营销方式获得外贸短信批量发送效果。

第二节 站外引流之 Facebook

一、流量巨大的 Facebook

通过以下几组数据，大家可以意识到它的重要性。

据 2015 年第一季度的数据显示：Facebook 的全球月活跃用户已经达到 14.4 亿；在 14.4 亿的月活跃用户中，移动端用户大概有 2.5 亿；全球互联网用户有 47％的用户在使用 Facebook；这使 Facebook 上每天产生的"赞"的数量为 45 亿；美国人每天花在社交网络上的总时间为 40 分钟。

从营销引流的角度来说，Facebook 是站外引流最易操作的社交平台，也是最有效的。它不仅能推广独立站和第三方店铺，还能推广自己的 App，并且能非常准确地根据客户的性别、年龄、地区、爱好等来做精准推送。

二、"迫不得已"之选

为什么说"迫不得已"？因为亚马逊现在加大了招商规模，流量方面就变得"僧多粥少"。如果想做好亚马逊，除了保证商品质量之外，还必须保证流量大。但是亚马逊的流量受制于亚马逊自身的算法，比如亚马逊允许卖家通过站内广告和 Lighting Deal 和 Sponsored Products 等进行营销推广，然而亚马逊算法的最终目的是保护买家，换句话说，作为卖家能做的很有限，只能被动地接受其规则，不能自由挑选受众。这就越发显得 Facebook 等站外引流工具的重要性了，用好了社交平台，卖家获取流量的成本将大大降低。

三、利用 Facebook 引流需把握的原则

1. 二八原则

这是说卖家在 Facebook 上分享的内容，50％的内容是与粉丝兴趣相关的，80％的内容是

开放式的互动,剩余 20% 的内容才是与商品相关的。简而言之,就是如果想要吸引粉丝,就应该把更多的精力放在制作与目标客户兴趣、需求和生活习惯等相符的内容上,广告的内容不要太多,否则会让粉丝反感,适得其反。

2. 粉丝永远是第一位的

粉丝是目标客户,是潜在客户,所以,将其放在第一优先级是不容置疑的。卖家在运营 Facebook 的时候,应该转变思路,从以商品本身为出发点转变为以粉丝需求为出发点。卖家需要了解粉丝,才能维护和粉丝的关系,才能将品牌和粉丝联系起来。

3. 质量大于数量

粉丝数量固然重要,但是质量更重要。如果卖家拥有 10 万粉丝,结果 9 万多粉丝都是"僵尸粉",那意义何在呢,这对卖家的运营是没有帮助的。当然,如果不是"僵尸粉",是正常用户,但不是卖家的目标客户,这同"僵尸粉"是一样的,而且他们很快就对卖家取消关注。

此外,文章的质量同样重要。如果卖家每天发一些让粉丝提不起兴趣或者与粉丝完全无关的内容,他为什么还要继续关注卖家呢?同时,发文数量也需控制,毕竟"刷屏"也是一件令人想果断取消关注的事情。

4. Facebook 页面"装修"不可少

如果我们去一个朋友家做客但他的家乱糟糟的,环境本身就让人不舒服,就已经表示出对客人的不尊重或者不欢迎。这种印象是极糟糕的,Facebook 页面"装修"说的也就是这个道理。

5. 熟悉 Facebook 才是运营的基础

所谓"知己知彼,百战不殆",说的就是了解对手才能做到稳操胜券。具体到这里,就是卖家朋友们如果想运用 Facebook 来进行引流,首先要懂外语,至少要懂英文。还得熟悉 Facebook 的页面、熟悉它的规则、熟悉它的功能等,否则,卖家就是拿着金库钥匙却不知道门在哪里,白忙活了一场。

6. 互动是王道

需要强调的是互动很重要,卖家需要与粉丝互动,这样才吸引更多的粉丝。

第三节　Facebook 实战操作

俗话说"酒香不怕巷子深",但如今这年头,一条巷子里已经不止有一家酒厂了,店家不出来吆喝,谁知道这香味是从谁家飘来的,所以卖家必须出来吆喝,还得找流量大的渠道吆喝。对亚马逊卖家而言,Facebook 便是一个很好的"王婆卖瓜,自卖自夸"的地方。下面介绍如何进行 Facebook 主页的推广。

一、注册 Facebook 个人账户

首先卖家需要有 Facebook 个人账户。Facebook 的个人账户都要进行实名认证,所以要使用真实的身份进行注册。当卖家的账户被 Facebook 封号时,这对解禁有帮助。另外,还需注意以下几点。

（1）添加一些熟人为好友。

（2）尽量保持用固定的 IP 登录，即便不能保证一直用同一个 IP 登录，也要保证是在一个范围内，跳跃性不能太大。

（3）在开启登录许可时在账户中添加上自己的电话号码。

二、创建 Facebook 主页

个人账户注册成功之后，页面会以登录状态自动跳到 Facebook 的首页，此时选择左侧"Pages"下面"Create Page"创建主页，根据自己的实际情况选择适合自己的主页类型，并选择好类别，填写好名称。

一个账户可以创建多个主页，在主页中可以展现企业或个人的个性，让用户可以分享自己的信息并参与互动。最重要的是，可以展示自己的商品和服务，传递企业和商品信息，传播企业文化和品牌，从而与用户和顾客建立更密切的联系。

为了更有效地传达信息，吸引粉丝，在创建主页的时候，需要认真地对主页进行设置，尤其是受众的选择。Facebook 提供了通过地区、年龄、性别、兴趣等属性来判断受众的方法，卖家可以利用它尽可能将自己的主页向更多目标受众展示。

第四节　站外引流之 Twitter

在亚马逊平台上，流量和销售额是成正比的。引入的流量越多，商品的销售额越高，也越能得到亚马逊的垂青，取得好排名。排名越靠前，获得的自然流量就会越多，于是转化率就越高，销售额也会提高，这样就形成了卖家账户发展的良性循环。其实说了这么多，最关键的就是要尽可能地去为自己的店铺引流量，这里谈谈如何利用 Twitter 来引流。

一、总思路：先社交再营销

Twitter 的用户有 4 亿多，流量之大可见一斑，所以它成为亚马逊上众多中国卖家引流的重要阵地。卖家总是不厌其烦地通过发广告、做内容、邀"红人"等方式去引流。但对于刚入门的卖家来说，一开始就发广告实在是得不偿失，毕竟转化率没法保障。那么不发广告卖家又该怎么做呢？既然是社交营销，还是先社交再营销吧。

二、"忌"与"该"

忌做什么？忌刷"鸡汤文"、刷广告、刷促销。如今社交网络的趋势是强调人与人、人与品牌之间的联系与沟通，大家关注的是自己感兴趣的人或事，已经很难接受大众媒体时代的强制性广告植入。

该做什么？首先我们需要明白社交是什么？社交就是交朋友，所以先忘掉广告，忘掉推广，忘掉营销，先以交友的心态，聚拢粉丝，建立起忠诚度高的小社群。粉丝经济、社群经济绝对是大多数小企业创立品牌的最佳途径。在无数信息和用户面前，卖家要静下心来思考，自己的目标客户是怎样的一群人，他们需要什么？有什么不满、不便和不安？他们感兴趣的是什么？自己有多少次及时回答并解决了客户的问题？自己有什么资源可以真诚地分享出来？让粉丝们觉得关注自己不是浪费精力，而是有用的。

三、Twitter 社交六步走

1. 持续推文

这个应该很容易理解,如果卖家不发声,粉丝怎么去了解卖家呢。持续推文是最基本的要求,也是刷存在感必不可少的方式。当然,刷存在感要把握一个度,让人不至于厌烦。

所推文章必须用心写,不能为应付差事,随便拼凑。抓住用户感兴趣的、关心的话题中自己擅长的、能做的,精心组织内容,做到每一篇推文都能过自己这一关。卖家的用心肯定能被感受到,让用户不仅愿意关注,还会引发他的共鸣,进而转发分享,那他的粉丝就能看到卖家的消息,他的粉丝可能也是卖家的目标客户,这样卖家的传播路径就拓宽了,可以形成良性循环。

2. 完善个人资料

当买家进入卖家的主页后,个人简介是买家最先看到的。如果之前买家从来没有听说过卖家,那主页将是买家对卖家的第一印象,也是决定卖家是否能快速引起买家关注的一个重要的因素。这里是卖家的展示舞台,是卖家自我推销的绝佳之处。所以,卖家也可以考虑在这里巧妙地加入自己店铺的地址。

3. 关注、点赞及转发

是否经常做这三个动作决定了卖家是否是一个活跃的用户,卖家的活跃度又决定了卖家的存在感。多关注一些目标客户,多给他们评论或点赞,卖家越活跃,推文被别人发现和转发的可能性就越大。不过,评论的时候不要敷衍,要认真写评论。

4. "@"功能

一定要注意 Twitter 上用户对公司或商品的评价,尤其是好的评价,如果发现有好评马上进行转发并"@"评论者。要知道,客户的评价有时更具可信度,是说服潜在客户最具有影响力的因素之一。当然,卖家也有可能碰到表达不满的客户,那就赶紧解决客户的问题,以避免这样的不良信息在网络上传播对公司或商品造成恶劣影响。

5. 话题标签"#"

"#"用英文可表示为"Hashtag",即我们常说的话题标签,它于 2007 年诞生于 Twitter,是 Twitter 最具标志性的功能之一。如今"#"已经无处不在,它改变了人们在网上分享信息的习惯。为什么利用社交媒体进行营销推广时话题标签如此重要呢?因为话题标签可以贯串 Twitter 上的同一个话题,让本来毫无关联的人因为同一个标签而连接起来。虽然设计"#"的初衷是让社交网络的用户能够通过该标签参与政治辩论、电视节目、体育赛事等实时活动的讨论,但是很显然,我们也能通过这一标签更好地定位目标群体。同时,也可以多参与 Twitter 的热门话题讨论,去结识"有识之士"。

6. 图片

众所周知,Twitter 中一条发言最多只能有 140 个字符,显然,这并不足以让卖家充分发挥,商品的优势也不能被充分表达。所以,此时图片或者视频就显得很重要了,它们能弥补文字的不足,能够给人留下深刻的印象。Twitter 里面还有很多功能可以利用,卖家可以先做好上面六点,之后再慢慢探索其他新功能。

第五节 站外引流之 YouTube

YouTube 正迅速成为广受欢迎的网红营销渠道之一。随着互联网速度的提高,视频已经成为大多数人在线体验不可或缺的一部分。虽然现在买家可以在大多数社交网络上找到视频,Instagram 甚至创建了一个与 YouTube 竞争的视频平台——IGTV,但实际上 YouTube 仍然是人们观看视频的热门选择。

在很多时候,观看 YouTube 视频是一种被动的在线体验。例如,谷歌的数据显示,73%的 YouTube 游戏玩家表示他们使用 YouTube 是因为喜欢观看别人玩游戏,56%的人表示 YouTube 是他们与游戏社区联系的地方。此外,YouTube 是全球第二大搜索引擎,也是访问量第二大的网站。

YouTube 网红营销指南包括以下四个方面。

一、为什么使用 YouTube 网红营销

网红营销的本质是社交媒体明星在其感兴趣的话题或利基领域发展并且成为专家。随着时间的推移,越来越多的人注意并追随他们。当他们以其真实性和专业知识赢得声誉时,他们便成为有影响力的人。在此过程中,人们会听取并尊重他们对特定主题的看法,然后这些人开始在特定专业领域中影响其粉丝的观点。当然,粉丝也希望这些网红可以提供商品的相关信息。

随着网红重要性的日益增加,在线视频的使用也在增加。在互联网的早期,大多数人没有足够强大的设备和互联网连接来观看视频。近年来这种情况已迅速改变。因此,对营销人员而言,参与 YouTube 网红营销是非常有意义的。虽然卖家可以将视频上传到其他大多数社交网络,但它们往往只是短片,并没有充分发挥视频的价值。YouTube 可以更广泛、更深入地发挥视频的价值。可以说,YouTube 视频是展示商品的良好渠道,卖家不必亲自展示或也不需要增强现实(AR)。

用户可以在 Instagram 上查看商品的精美图片,可以在博客上阅读详细的商品信息,还可以在 Facebook 上查看正在使用的商品,并通过播客听到商品的音频信息。但只有在 YouTube 视频上,用户才能深入地参与商品演示,并在日常使用中看到它。

二、YouTube 网红营销如何运作

YouTube 是网红营销的理想平台。它拥有许多热门的频道,而且比大多数社交媒体网站更成熟。YouTube 也具有正式的广告设置,这意味着营销人员可以通过多种方式制作广告系列。

我们会发现各种年龄段的人都在观看 YouTube,它在年轻人心中有着特殊的地位。事实上,许多年轻人观看 YouTube 频道的时间比观看传统电视频道的时间要长。

YouTube 与其他社交媒体渠道有很大的不同。在大多数社交媒体网络中,人们会关注朋友、家人和任何感兴趣的人发的帖子。但是,YouTube 更像是一台巨型电视,用户可以订阅一系列的频道,并且主要在其选择的频道上观看视频。用户还可以通过其他方式搜索视频,并扩展视频集合以进行查看。

用户可以将在 YouTube 视频上看到的广告与在传统电视上看到的付费广告进行比较,品牌需要付费才能将其广告展示在特定的 YouTube 频道中。

三、YouTube 网红营销活动类型

虽然网红营销不像其他许多营销类型那样正式,但仍然是营销人员的一种选择。因此,有经验的营销人员会根据客户的目标创建不同类型的广告系列。与大多数市场营销活动一样,广告系列的类型会对营肖人员的营销活动产生很大的影响。

1. 宣传活动

宣传活动的目的是向市场或向目标受众介绍新商品。该商品可能不是全新的,但却是首次向特定受众推广的商品。

卖家可以付费让网红制作引人入胜的视频,并以某种方式将他的商品融入其中。同时记住,视频评论是介绍商品的好地方。如果卖家制作食物,他可以付费请网红用他的商品作为原料烹饪食物。

游戏公司经常付费让玩家试玩他们的新游戏。当然,这在 Twitch 这样的平台上效果更好,用户可以在玩游戏的同时进行直播,也可以将精彩视频上传到自己的 YouTube 频道。还有些人会在 YouTube 上进行游戏直播。

2. 维护活动

品牌需要经常定期进行维护活动。这些维护活动主要是为了让人们记住一个商品。许多老牌品牌都会开展维护活动,因为这既可以保持品牌的知名度,又可以创造新的销售量。

品牌维护是常见的网红活动类型。卖家可以在维护活动中使用与品牌活动相同的视频,不必过度强调商品的"新颖性",可以更多地关注商品如何解决频道受众的常见问题。

卖家可以与网红合作,制作一些操作视频,展示商品的新用途,或者向人们展示如何从购买的商品中获得最大的收益。但是请记住视频要专注于展示商品能给观众带来的收益,而不是商品本身的功能。因为视频观众可能对商品本身并不感兴趣,尤其是在商品已经投放市场多年的情况下,他们更感兴趣的是商品如何帮助他们和改善他们的生活。

3. 标签活动

标签活动是社交媒体时代的特征。虽然 YouTube 上的标签作用可能不如 Instagram 或 Twitter,但其标签仍然被用作查找和区分特定主题视频的方法。理想情况下,卖家需要为广告系列创建自定义主题标签。

4. 竞赛活动

YouTube 的竞赛活动与其他社交频道的竞赛活动没有什么不同。人们喜欢竞赛,他们通常会对自己喜欢的频道举办的竞赛很感兴趣,尤其是当奖品与频道的利基市场高度相关的时候。

5. 品牌推广活动

品牌推广活动的特色是关于特定品牌或商品的视频。需要注意的是,这些广告系列不要过于商业化,否则观众会迅速关掉频道,并质疑这些频道的真实性。大多数人都不喜欢观看商业广告,而且在网红制作的品牌视频和付费广告之间存在一条微妙的界线,需谨慎使用。

四、成功的 YouTube 网红营销秘诀

1. 为广告系列设定明确的目标

从本质上讲，YouTube 网红营销与其他营销没有什么不同。卖家选择的广告系列类型、网红和 KPI 都会完全受到自己设定目标的影响。

网红和品牌都需要清楚地知道他们的营销目标。这些目标将对合作过程中制作的每个视频产生影响。

卖家的目标会强烈影响其选择的网红人选，因此卖家需要选择能够帮助其实现目标的网红，而不是拥有众多粉丝的网红。

2. 确定适合卖家广告系列的 YouTube 网红

成功的网红营销秘诀是为卖家的商品选择合适的网红，这和电视广告很相似。比如，不要在体育节目电视网上做时尚节目的广告，也不要在厨艺竞赛综艺节目里宣传肯德基。

卖家需要对 YouTube 网红营销采取相同的方法。思考一下卖家的目标受众可能会把时间花在哪些 YouTube 的频道上，这些频道的网红是卖家应该优先考虑的人选。

卖家的预算也将影响他的网红人选。因此，卖家需要在有限的预算范围内寻找可以为他的目标客户制作视频的 YouTuber。

选择与卖家的品牌文化相似的网红也很重要。例如，迪士尼不太可能选择任何对家庭不友好的网红。不要只追求受欢迎的、知名的网红，因为他们可能和卖家的品牌价值观并不相符。

卖家还可以通过网红营销平台或机构帮助其寻找合适的网红。

最后卖家还需要问自己，这些网红的粉丝会是他的潜在客户吗？如果没有，那么卖家与他们合作的目的是什么？

3. 给与卖家合作的网红付费

与其他任何营销活动一样，卖家应该为网红营销制定预算。如果卖家是一家小型企业，只有很少的营销预算，那么卖家可能需要关注那些影响力较小的网红。

事实上，与名人或超级网红相比，使用小网红进行营销的企业更多。许多网红营销平台会告诉卖家应该支付给不同网红的费用。

4. 与网红的粉丝互动

不要只是付钱给网红，然后袖手旁观。卖家还需要把那些观看网红营销视频的人发展成为自己的客户。

卖家需要和观众讨论他的商品，可以在视频下方的评论中加入讨论，在他自己的社交频道上分享视频，然后准备好回答任何问题，不管问题有多尴尬。

5. 不要事无巨细地管理与卖家合作的网红

不要忘记网红才是卖家频道的专家，观众订阅的是网红的频道，而不是卖家的。

卖家需要赋予网红自主权，并让他们根据自己认为合适的方式运营频道。卖家可以在任何广告系列中与之合作，但是卖家需要把创意控制权留给网红。如果卖家不喜欢他们的视频，就应该选择其他类型的网红。

第六节　折扣网站引流

亚马逊卖家做站外引流推广的渠道很多,比如 Facebook,Twitter,YouTube,Google 等,专业的折扣网站也是不错的选择。折扣网站发布的信息,基本都是关于商品促销的,很多国外"购物党"会定期登录浏览,看看有没有自己喜欢的商品在打折。

一、做折扣网站需要考虑的几个方面

1. 商品评估

并不是每个类别的商品都适合做促销,都适合用折扣网站来做引流,所以卖家必须对商品有充分的把握和认识,再判断能不能做促销,要不要做促销。

2. 做哪些网站的促销

折扣网站的类型和方向是不一样的,受众群体和常用人群也是有差异的,有的网站以科技类产品居多,有的网站服装类是主流,有的网站只做母婴商品等。虽然每个折扣网站在短期内都会给商品带来比较多的流量,但是否选择了合适的渠道,决定了转化率和销售额。

3. 深入了解网站规则

每个国家都有很多本土的促销折扣网,即便是同一个国家的促销折扣网在政策和流程上也有差异,所以中国卖家一定要在了解其规则的基础上进行营销,不要进行违规操作,被封了账户和 IP 就得不偿失了。

4. 要耐得住寂寞

做好折扣网站绝不是一朝一夕的事,需要的是耐心和细心,想获得稳定的收益可能历时较长,工作内容也较烦琐,开发出一批优质的网红或网站资源,至少需要几个月的时间,不要想着1 个月的时间就能在多个折扣网站上做得风生水起,或是拥有大量磨合程度非常好的网红资源,这是不切实际的,这些资源都需要积累。

二、折扣网站举例:Slickdeals

1. Slickdeals 概述

到目前为止,美国流量最大、忠实用户最多的折扣网站是 Slickdeals (www. slickdeals. net)。它的特点是允许社区成员发布自己所找到的好的促销信息,再通过其他成员的投票结果判定这条信息的好坏,优质的促销信息将有机会得到更多的曝光。

Slickdeals 具有较为强大的技术实力,后台算法也相当严密,对于想在上面发布亚马逊商品的用户还出台了两条硬性规定,一个是亚马逊店铺必须拥有超过 1000 条反馈,另一个则是所推广或发布的商品必须拥有超过 50 条的评价。Slickdeals 对促销信息的发布管控很严格,禁止卖家自己注册账号或者联系其他"论坛红人"发布促销信息。卖家想要发布商品的促销信息,必须联系官方的工作人员,资质审核通过后 Slickdeals 会交给自己的编辑团队进行发布。即便是商品促销信息发布了,卖家也不能自行评论和点赞,官方认为这不是真实的用户行为,是卖家的自我营销,这样做的后果是立刻被封账户和 IP,甚至被封品牌。

而针对一些经常给商家发布促销内容的网红,Slickdeals也加大了审核力度,因为有些网红是拿了报酬去做广告的,促销的商品性价比并不高。

2. Slickdeals平台的官方逻辑

既不能自吹自擂地发帖,官方的审核又严格,而找网红营销同样有风险,那么亚马逊上的卖家究竟该怎么办呢? 其实在回答这个问题之前,卖家需要知道 Slickdeals 平台的官方逻辑是怎样的。

它是假设卖家有一款好的商品,比如移动电源,这款移动电源已经被很多购买者深深喜爱,并且在同等质量的移动电源里是最便宜的,即最具性价比,拥有绝对的质量优势和价格优势。购买者在众多同类商品中将卖家的这款商品"揪"了出来,出于无私分享的心态,将它发到论坛上与其他用户共享。而卖家给自己发帖,或者网红拿了卖家的报酬发帖,都不属于无私分享,所以才会被禁止。

如果卖家的商品确实好,促销力度也非常大,但是在这些购买者中没有无私的用户,或者没被无私的用户发现,或者无私的用户发现了但不知道 Slickdeals 网站,只是推荐给了身边的朋友,卖家第一步要做的就是联系 Slickdeals 官方的工作人员,看看能否与官方进行合作,通过官方发布促销信息。如果在官方那里审核没有通过,但卖家依旧想在 Slickdeals 平台上做促销,那就需要通过另外三种方法了:自己注册账号并且认真运营账号;购买网红的账号;还是去跟网红谈合作。而能否成功的基础在于卖家商品本身的质量和商品的促销力度。

商品本身必须要有足够的市场需求,比较受消费者的喜爱,促销力度很大,商品的评价和反馈都较好,促销的数量也还可以,这样才有做 Slickdeals 的资本,否则肯定会被当作"有私心"。一个质量比较差的商品,一个有没有都一样的折扣,还被网红或者某个账号当成宝贝发上去,说不是在营销,没有人会信。

3. 卖家在 Slickdeals 平台上如何营销

其实卖家自己注册账号去推荐自家的商品也未尝不可,但不要操之过急,不要那么明显,刚注册了账号就去发帖,然后用同一个账号频繁评论和点赞,任何平台都会立刻将这个账号判定为营销号。卖家需要把自己当成 Slickdeals 的真实用户,融入其生态圈中去。

Slickdeals 的真实用户的正常行为是怎样的? 注册后浏览官方给出的推荐或者搜索特定关键词,看看有没有自己需要的商品,再看看其他人的评论,自己也留下评论,或者给别人的评论点下"赞"或点下"踩",接着有可能就将商品买下,或者继续浏览其他的商品。

网红账号肯定也是从"小白"账号一步步成长起来的。卖家在 Slickdeals 里进行真实的沟通、真实的交流、真实的互动,分享一些真正具有性价比的促销商品(其他品牌的、其他类目的好商品),积累账号的活跃度和好评度,到时再给自家的商品发促销信息也是水到渠成的事。不过这条路走起来要花费的时间和心思都很多,如果卖家觉得太费事,可以找网红直接合作。那怎样找呢? 站内短信肯定是不行的,Slickdeals 识别到站内短信的内容后,账户马上会被封掉。可以在 Facebook,Twitter Skype 上进行同名搜索,到外国的威客网站或者自由职业者平台上查找,或者与其他亚马逊卖家进行资源的互换或直接购买。等拿到了网红的联系方式后,就可以给他们发邮件或打电话了,要跟他们讲清楚合作的规则以及要促销的商品是什么、商品的链接、促销开始的时间和截止的时间、促销的数量、促销的区域限制、售价和促销价等。

等有了一两个合作稳定的网红后,可以让他们介绍一些网红给自己,如果平时与他们的关系还不错,他们是会帮忙的。这比卖家自己不断去找网红效率高得多,而且还有信任转嫁在里面,被介绍的网红更容易接受卖家。

三、其他主要折扣网站一览

下面我们盘点几个国家的主要折扣网站。

1. 美国:Woot(www. woot. com)

Woot 是亚马逊旗下的知名团购网站,在被亚马逊收购后仍保持着独立运营,口碑流量都还不错。在 Woot 上,一般的商品都比较便宜,而且经常有低折扣的好商品出现,有兴趣的卖家可以尝试一下。

2. 英国:hotukdeals(www. hotukdeals. com)

Hotukdeals 是一个带有论坛性质的折扣网站,拥有 3 万多的用户,这些用户也会将自己发现的商品折扣信息发布出来与其他用户分享,因此也是亚马逊卖家一个不错的选择。

3. 法国:Dealabs(www. dealabs. com)

Dealabs 是即时更新法国特价信息的一个网站,中国的网站"什么值得买"与其有些类似。

4. 德国:Mydealz(www. mydealz. de)

Mydealz 是德国人比较喜欢的一个网站,它每天都会发布大量的折扣信息,基本上从日常的衣、食、住行到娱乐活动都有,而且时常会有一些惊人的折扣商品出现,甚至是免费的商品。

5. 加拿大:Redflagdeals(www. redflagdeals. com)

Redflagdeals 这个网站除提供优惠券和一些免费赠品外,还有省钱建议和购物小贴士,深受加拿大一些"购物族"的喜爱。

6. 西班牙:Groupalia(es. groupalia. com)

Groupalia 目前的主营市场在西班牙国内,与衣、食、住、行有关的各种折扣商品应有尽有,是西班牙本土的在线折扣网站。

课后习题

1. 阐述站外引流的各种手段。
2. 简述 Facebook 引流需把握的原则。
3. 简述全球第二大搜索引擎和访问量第二大的网站。
4. 简述 YouTube 网红营销活动的类型。
5. 简述目前美国流量最大、忠实用户最多的折扣网站。
6. 简述英国和德国主流的折扣网站。